国立复旦校长 章益

GOULI FUDAN XIAOZHANG ZHANGYI

郑远新 著

全国百佳图书出版单位
APGTIME 时代出版
时代出版传媒股份有限公司
黄山书社

图书在版编目(CIP)数据

国立复旦校长章益 / 滁州市文联编；郑远新著 .— 合肥：黄山书社，2021.3

ISBN 978-7-5461-9166-9

Ⅰ.①国… Ⅱ.①滁… ②郑… Ⅲ.①章益—传记 Ⅳ.① K825.46

中国版本图书馆 CIP 数据核字 (2021) 第 044462 号

国立复旦校长章益 **郑远新 著**

GUOLIFUDANXIAOZHANGZHANGYI

出 品 人 贾兴权
责任编辑 向 焱
责任印制 李晓明 李 磊
装帧设计 钱志刚
出版发行 黄山书社(http://www.hspress.cn)
地址邮编 安徽省合肥市蜀山区翡翠路 1118 号出版传媒广场 7 层 230071
印 刷 永清县晔盛亚胶印有限公司
版 次 2021 年 3 月第 1 版
印 次 2023 年 6 月第 3 次印刷
开 本 700 mm × 1000 mm 1/16
字 数 170 千字
印 张 15.5
书 号 ISBN 978-7-5461-9166-9
定 价 60.00 元

服务热线 0551-63533768
销售热线 0551-63533788
官方直营书店(https://hsss.tmall.com)

总　序

滁州雄峙皖东，襟江带淮，春秋时期即为吴头楚尾之地。自隋开皇三年（583 年）设州至今已 1400 多年，有“金陵锁钥、江淮保障”“形兼吴楚、气越淮扬”之誉。千百年来，长江文化、淮河文化、淮扬文化在这里交融传承，形成了滁州开创性、开放性和包容性兼备的文化特征。这些文化特征，孕育了滁州丰富多元而又有自身独特魅力的文化森林。

滁州人文荟萃，底蕴深厚。西晋末年，琅琊王司马睿由此东渡，建立东晋；五代后周，赵匡胤在此击败南唐主力，奠定北宋帝业根基；元朝末年，朱元璋肇建“滁阳一旅”，开创大明王朝。鲁肃、徐达、戚继光、憨山、吴敬梓、吴棠、章益等诸多名人光耀故里。唐宋年间，韦应物、李绅、李德裕、王禹偁、欧阳修、辛弃疾等文学家、政治家先后治滁，留下德政遗风和《滁州西涧》《醉翁亭记》等千古华章。明朝中期，一代儒学宗师王阳明任太仆寺少卿，讲学滁州，“儒风之盛、夙贯淮东”。

滁州敢为人先，具有光荣的革命传统。抗日战争时期，滁州是全国 19 个抗日根据地之一，刘少奇、罗炳辉、方毅、张云逸等老一辈革命家在此留下了光辉的战斗足迹。1978 年，凤阳县小岗村 18 户农民首创农业“大包干”，揭开中国农村改革的序幕。历经四十多年的改革开放，滁州积极融入长三角，经济社会发展取得长足进展，主要经济指标稳居全省前列。

为弘扬和传承地域文化，由滁州市委、市政府提出，市委宣传部牵头，市文联组织创作了《滁州文化丛书》，收录的8本作品逾150万字，多角度讲述滁州文化故事，力求深层次挖掘滁州文化底蕴、展现滁州文化魅力。《醉翁亭畔话醉翁》以通俗活泼的文字勾勒了欧阳修在滁州为官两年多时间里的生动图景，深入发掘醉翁文化的当代价值。《朱元璋与淮西集团》重点描绘朱元璋与跟随他起兵的淮西籍（主要为现滁州市地域）将臣的卓著功勋、恩怨情仇，突出了“滁阳一旅”在朱元璋军事生涯中的独特作用，是朱元璋与凤阳、滁州故土关系的全新视角，史料翔实，逻辑严密。《王阳明在滁州》描写了王阳明在滁州任南京太仆寺少卿期间，广纳弟子，传授“心学”的脉络轨迹。晚清名臣四川总督吴棠，是从滁州走出的“天下知名淮海吏”，《封疆大吏吴棠》一书，依据大量的文献资料和吴氏宗亲的口述，对吴棠一生的功绩及吴棠故居做了详细介绍，很多资料、图片为业内首次披露。章益与其父章心培，均为滁州文化名人。他于1943年至1949年间出任国立复旦大学校长，将复旦大学完整地交给了新中国。《国立复旦校长章益》叙写了章益的生平事迹、学术成就等。《故事里的琅琊山》汇集了琅琊山说不完的故事，帝王将相、文人墨客、一木二瓦、片石半碣，都在传达这座滁州名山的文化情愫。滁州古建筑是滁州文明史的实物见证，是和古人对话的重要通道，《滁州古建筑的前世今生》一书，介绍了滁州市代表性古建筑，希望能让读者追书而行。《滁州民俗面面观》一书则介绍了滁州文化中积淀的岁时习俗、信仰习俗、生活生产经营习俗、婚育寿庆习俗等，对了解江淮地区民风民俗及其流变具有重要意义。

丛书的作者都长期致力于滁州地域文化研究，他们积极搜集资料，广泛开展田野调查，潜心开展创作，力求以最切合的形式，将作品的文化内涵表达完整，故事讲述生动活泼。书稿完成后，我们又先后聘请了刘思祥（安徽省社会科学院人物研究所原副所长、副研究员）、倪阳（滁州学院原党委副书记、市地情人文研究会会长）、许恒贵（滁州市委党史和地方志研究室副主任）、卜平（滁州市政协原调研员、章益生平研究专家）、骆跃泉（滁州市委党校总务处处长、市地情人文研究会副秘书长）、贡发芹（安徽省文史馆特聘研究员、明光市政协文史委主任、吴棠研究专家）等专家对 8 部作品分别进行审读，提出修改意见。在此，我们向各位作者、各位专家表示衷心感谢！

习近平总书记说：“要讲清楚中华优秀传统文化的历史渊源、发展脉络、基本走向，讲清楚中华文化的独特创造、价值理念、鲜明特色，增强文化自信和价值自信。”同时强调，“在历史进程中凝聚下来的优秀文化传统，决不会随着时间推移而变成落后的东西。”《滁州文化丛书》的创作出版，正是践行习近平总书记讲话精神的具体体现。希望这套丛书能够继续延展下去，将滁州优秀历史文化不断发扬光大。

是为序！

《滁州文化丛书》推进工作领导小组

2020 年 12 月 23 日

前 言

章益 (1901—1986)，字友三，安徽滁州人。中国近现代著名教育家、心理学家、翻译家。1943 年至 1949 年任复旦大学校长。曾任民革第六届中央委员会顾问，政协山东省第一、四、五届常委，中国心理学会理事、山东省心理学会名誉理事长。

章益父、祖都曾为拔贡，入仕为官。他自幼受父辈严格家教，养成了坚毅的学习精神和良好的品德习性。16 岁时考入上海圣约翰大学附中，毕业前因积极参加“五四”反帝爱国运动，被校方开除。后受复旦大学李登辉校长赏识，考进复旦大学学习。1922 年复旦毕业，获金质奖章。1924 年他前往美国华盛顿大学教育学院学习，取得了硕士学位。1927 年回国后创办复旦教育学系，先后参与筹备中华心理学会、上海心理学会、中国心理学会、中国心理卫生协会等。

抗日战争爆发后，章益作为复旦大夏联合大学第二部教务长随校西迁内地，1938 年 1 月就任国民政府教育部总务司长，为复旦大学争取津贴补助和改为国立大学作了很多贡献。1943 年他出任国立复旦大学校长，为学校积极争取经费，兴建校舍，延聘大批名师，使复旦的学术声誉和总体实力有了较大提高。章益校长秉承复旦“学术独立，思想自由”的精神，重视学校的民主建设，在他的治下，复旦大学成为大后方的著名大学和有名的“民主堡垒”。抗战胜利后，他抵制了国民政府将复旦大学搬迁到苏北的计划，率领在渝复旦大学回迁上海江湾，与沪校合并，同时保住了“复旦大学”校名。章益精心管理学校，又聘请了一批名教授，新设系科，筹建研究机构，招收研究生，使复旦大学迅速发展成为一所具有较完整的学科系统的综合性大学，成为中国南方学术重镇。

1949 年上海解放前，他拒绝了国民政府将复旦大学迁往台湾的命令，将复旦大学完整地交给了新中国。1952 年全国院系大调整，章益调任山东师范学院（现为山东师范大学）心理系教授。在心理学、教育学和翻译等方面做出了卓著成绩。从 1984 年起山东师范大学心理学院设章益奖学金，2018 年立章益先生铜像。章益先生崇高的爱国情怀、高尚的道德品质、先进的教育理念、严谨的治学态度和忘我的奉献精神，永远是我们的楷模。

目 录

引 言

公元1976年春天的滁州，天上下着蒙蒙细雨，一辆半旧的吉普车开进了狭长的东大街，车上坐着一位身着黑色中山装的老人。老人看上去有70多岁，体型偏瘦，气质儒雅，皮肤白皙，眼睛里闪着神采。老人看着路两边打着雨伞面容淳朴的行人，看着两旁刷着标语的低矮的楼房，感到既陌生又亲切。这位知识分子模样的老人，就是中国著名心理学家、教育学家、翻译家章益先生。他于1943—1949年间担任过复旦大学校长。历任民革第六届中央委员会顾问、山东省委常委，政协山东省第一、四、五届常委，中国心理学会理事，山东省心理学会名誉理事长。

章益先生几十年没回故乡了，此次他携大女婿吴建文和25岁的外甥吴育津（连司机4人），从南京回滁城探视故宅。吉普车驶入鲜鱼巷口向北不远处的东后街，在45号门前停下。章益心情激动，16岁前他在这座老宅里度过了难忘的童年和少年时光。记忆中的老宅四进院落，第三进是二层主楼，东西两侧是厢楼。第一、二、四进为平房，青砖黑瓦封火墙，窗棂格栅及梁柱间是木雕雀替；楼下宽敞的中厅，是他父亲会客和亲人们节庆团聚的场所。眼前的老宅早已易主，被分给了十多户人家……物是人非。望着陈旧暗淡的老宅，章益心里不由涌出一种沧桑感。章益和女婿吴建文、外甥吴育津离开老宅，乘吉普车沿着清流街向北开去，他想去探视岳父母家的老宅，因时过境迁，并没有找到。

他们看过北城墙遗址后，乘车回到清流街向南开，路过财神巷的百货商店，章益示意女婿和外甥下车，匆匆看了一看。这处改造后的百货商店就是民国时期章氏家族的“章三益”商号，当时是滁城最大的杂货连锁店，主营糕点、酱油、酱菜、香烛、纸张等。1952 年下半年开始，国家对农业、手工业和资本主义工商业进行改造，章氏家族的商铺、仓库、宅院几乎全部归公。

吴育津后来回忆：“当时外公外婆住在南京大厂我家，回家后我对外婆说，外公不敢多看那个百货商店。外婆说：他怕人说他反攻倒算。”

吉普车向滁城西南闻名遐迩的琅琊山开去。琅琊山上有其祖父章家琮和父亲章心培的诗文石刻和楹联。章益的祖父和父亲都是晚清的拔贡，入仕为官。光绪七年（1881），章家琮等乡贤协助全椒人薛时雨，重修屡遭兵燹的醉翁亭。醉翁亭景区存有章家琮题写的“瞻仰烟霞”和“酒国春长”两幅砖雕门额，还有章家琮题、黄铎所书的“踏云”砖雕题刻（古梅亭朝西的门楣上）。

章心培则和其他乡贤们协助达修和尚重建了琅琊寺。寺内有章心培所写的一副楹联碑刻：“于清净地，辟庾信三弓，看这般春月秋花，都成妙谛；当和煦时，留平原十日，愿抛却名缰利锁，来息尘心。”章心培作为重建琅琊寺的发起人，与达修一起呕心沥血，耗时多年，于 1928 年合作编纂了滁州第一部《琅琊山志》，影响很大。当时的达官名流孙科、阎锡山、方振武、谭延闿、蔡元培、陈仪等纷纷为之作序题词。

章益为祖父和父亲的业绩感到骄傲，他怀着崇敬之情观赏并拓印了他们的诗文石刻，带回去作为永久的纪念。

第一章 ‖ 崭露头角　结缘复旦

第一节　“五四”小将

公元 1915 年，15 岁的章益怀着对未来美好的憧憬，离开家乡滁州去上海，投考圣约翰大学附中。章益从家乡小城来到大都市上海，他感到自己像一条鱼从一个池塘被投入到一个湖泊里。到处都是高楼大厦，商铺林立，宽阔的街道上，行人熙熙攘攘，无轨电车、汽车、人力车来来往往，川流不息。章益对眼前的一切都感到新鲜好奇，一双灵动有神的大眼睛不停地东看西瞧。第二年元月，章益被上海圣约翰大学附中录取了，全家人都为他感到高兴。兴奋的章益夜里迟迟睡不着，他的人生将揭开崭新的一页，他激动的思绪穿过寒冷的夜空飞向上海……

他希望在圣约翰大学附中毕业后，再继续考取上海圣约翰大学深造。这所大学的名气他有所耳闻，但后来才知道它有多么厉害——它是中国第一个现代高等教会学府，首个全英语授课学校，是由美国圣公会上海主教施约瑟创办的。1879 年，施约瑟在沪西梵皇渡购地兴办圣约翰书院，简称圣约翰、约大，其校训初为“光与真理”，后加上孔子名言“学而不思则罔，思而不学则殆”。上海圣约翰大学是当时上海乃至全国最优秀的大学之一，享有“东方哈佛”“外交人才的养成所”等盛名，培养出了顾维钧、宋子文、林语堂、邹韬奋、荣毅仁、贝聿铭、张爱玲、周有光等一大批蜚声中外的校友，堪称中国教育史上的传奇。

章益刚开始在圣约翰附中读书时不适应，因为圣约翰附中有个不好的风气，老生看不起新生，高年级学生看不起低年级学生，会说上海话的学生看不起说外地话的学生。章益三项不利条件集于一身，不免被同学们歧视。争强好胜的他不服气，想用优异的学业成绩证明自己。他发奋攻读，每学期他的学习成绩都在年级名列前茅，老师们对他交口称赞，同学们对他的态度也改变了。章益在圣约翰大学附中的四年里，既学到丰富的知识，又开阔了视野。

1919年轰轰烈烈的“五四”运动爆发时，章益已升入四年级。按当时中学四年的学制，章益是应届毕业班学生，还有一两个月就毕业了，他正争取以优等生的成绩毕业，可以免试直接升入圣约翰大学。但当时他在报纸上读到北京学生爱国运动的报道——1919年巴黎和会在帝国主义列强操纵下，不但拒绝中国的要求，而且规定把战败国德国在山东侵占的权益，全部转让给日本。

消息传到国内，长期蒙受屈辱的中国人民，心中的怒火像火山一样爆发了。5月4日，以北大为首的13所大专院校3000多名学生在天安门示威游行，要求“外争国权，内惩国贼”，并火烧赵家楼、打伤章宗祥，北洋政府出动大批军警镇压，逮捕了32名学生。5月5日，北京学生总罢课，并通电全国，各地学生纷纷罢课响应。1919年5月6日清晨，北京的消息传到上海，传到复旦校园，群情激愤的大学生们敲响了钟声，当即决定推派代表分赴沪上各大中学校联络，通电营救被捕学生。

5月7日上午，上海各学校各团体代表2万余人于西门外公共体育场集合，召开国民大会，要求北洋政府释放被捕学生、惩办国贼，拒绝在巴黎和约上签字。5月11日，复旦大学、南洋中学等31家学校成立上海市学生联合会（首任会长何葆仁、执行部长程天放），上海学生联合会带领80多所学校师生，声势浩大地上街示威游行，声援北京五四运动。

那段时间，章益每天都关注着外界新闻。那时的他还想不到自己后来会考进复旦，想不到何葆仁、程天放、罗家伦、端木恺会和他成为复旦同班同学。（罗家伦是五四运动领袖之一；端木恺是五四运动学生代表之一，后来成了他的好友，直到晚年，章益还给身在台湾的端木恺去信谈祖国和平统一）

热血沸腾的章益，在教室和宿舍里和同学们热烈讨论外面正在发生的事情。圣约翰附中封锁了外面的消息，但禁锢不了学生们的爱国热情。章益在学校饭厅里慷慨激昂地向同学们发表演讲，号召同学们参加爱国抗议示威活动。

圣约翰附中反对学生们参加游行示威，而章益带头违反了校规，学校准备开除他的学籍。惜才的校长找章益谈话，要他认错，只要他认错，就可免予被开除，还可以顺利直升圣约翰大学读书。但章益拒绝认错。他被学校开除了学籍。对此，同学们表示不满，要求学校撤销对章益的处分决定，校方不予理会。最终，章益和100多名学生愤然离校。

5月下旬，19岁的章益回到家乡安徽滁县，他联络旅外学生聚会举行爱国示威游行，散发传单、演讲、贴标语，通电支持北京学生斗争，并和他人共同创办宣传反帝反封建思想的刊物《清流声》。

第二节　蒙学教育

章益的故乡——滁州历史悠久，人文荟萃。它位于安徽省东部，苏皖交界地区，隔江与古都南京主城遥望。滁州古称涂中、清流。早在远古时期，先民们便在这片土地上播种耕耘、繁衍生息。民国二年（1913），安徽省废道、府、州、厅，各县直属省府，滁州改为滁县。位于滁城西南约 5 公里的琅琊山，因西晋八王之乱时琅琊王司马睿在此避难而得名。琅琊山的主峰海拔只有 317 米，但“山不在高，有仙则名”，被誉为“蓬莱之后无别山”。众多文人墨客、达官名流在此留下了足迹。

滁州琅琊山　刘曼殊摄

琅琊山上有汉高祖祠，又有饮马池。明太祖朱元璋曾在“柏子龙潭”求雨。唐宋以降，李幼卿、韦应物、欧阳修、辛弃疾、王安石、梅尧臣、曾巩、宋濂、文徵明、王阳明等在此留下了大量诗文。韦应物写下家喻户晓的《滁州西涧》，欧阳修任滁州太守时写下脍炙人口的名篇《醉翁亭记》和《丰乐亭记》，苏轼豪气奔放地书写了“双亭记”，醉翁亭因“欧文苏字”名扬天下。

章心培和夫人金氏

琅琊山上历代摩崖、碑刻比比皆是，有数百处之多。多数是外来游历的文人墨客达官名流留下的遗迹，滁州本土名流章益的祖父章家琮和父亲章心培，也在琅琊山上留下了一些碑刻诗文。“耕读传家躬行久，诗书继世雅韵长。”章益自小受到诗书的熏陶和很好的家庭教育，这对他的健康成长和良好品行的养成，对他未来的学业和事业都至关重要。

1901 年出生的章益，在家乡滁州度过了美好的童年和少年时光。家中兄弟姊妹共六人，有三个姐姐，哥哥章谦排行第四，章益排行第五，弟弟章恒最小。章益，字友三，出自《论语 · 季氏篇》：“益者三友，友直、友谅、友多闻。”章益长得眉清目秀，聪明活泼，全家人都喜欢他。章益家境优裕，祖父和父亲都是科举出身，十分重视教育，他就是在这样的环境里生活、学习、成长的。

章益童年时在家塾读书，有时去公立小学学习。“那时恰好废止科举，没有接受传统的八股文教育。”（《章益自传》）他在家塾开蒙阶段的课本是《龙文鞭影》《幼学琼林》。龙文是古时的良马名，看见鞭影就会奔跑驰骋。《龙文鞭影》原名《蒙养故事》，明代万历萧良有撰写，后经安徽人杨臣诤加以增订改名。书的内容主要来自二十四史中的人物典故及《庄子》和古代神话、小说、笔记，辑录了孔子、诸葛亮、司马迁、李白、杜甫、朱熹等著名历史人物的逸闻趣事。全书共收辑了包括孟母断机、毛遂自荐、荆轲刺秦等两千多个典故。《幼学琼林》原名《幼学须知》，又称《成语考》《故事寻源》，是中国古代儿童的启蒙读物，最初编著者为明末的西昌人程登吉，后来一些学人又进行了增补。《幼学琼林》被称为中国古代的百科全书，内容包罗万象。

这两种书都是文言韵文，前者是四字一句，各讲一个典故，上下两句对偶押韵，读起来抑扬顿挫朗朗上口，是适合儿童特点的重要蒙学读物。《幼学琼林》近于骈体文，押韵顺口。

章益对这两种课本都很感兴趣，加上父亲请来的塾师生动的讲解，开启了他求知的大门。这两种书丰富了章益的知识，培养了他的想象力。哥哥章谦对章益学习的影响也很大，读家塾或去公立小学时，兄弟俩始终在一起。章谦学习成绩好，章益暗暗地和哥哥比，在学业上力争上游。章家有重视学习的传统，章益父亲章心培在科举时代考取了秀才，岁试、科试总是名列优等。所以，章谦、章益兄弟俩都养成了认真学习和力争上游的良好习惯。

生活并不总是一帆风顺的，章益在公立小学读书时染上了口吃的毛病。原因是教他算术的老师有点口吃，说话很吃力，经常会憋得面红耳赤，才能把要表达的意思讲出来。调皮的章益有意模仿算术老师，哪知没过多久他自己也口吃了，说话结结巴巴口齿不清，说起话十分难受，从十岁出头直到十三四岁都是如此，同学们都笑话他，他心里非常难过。

哥哥章谦很为他着急，劝他一定要把口吃毛病改掉。痛苦的章益暗下决心，想方设法矫正口吃。他在一篇科学小品文上看到介绍治疗口吃的方法，依照此法去做，忍住一周不说话，然后少说话，慢慢说，不和别人抢着说话，经过半年左右，终于把口吃的毛病改掉了。虽然后来这个毛病偶尔也还会犯，但他努力克制自己，让自己不紧张，不急躁，保持平静，慢慢变得正常了，全家人都为他感到高兴。

少年章益生活的年代正处于清朝灭亡、民国建立时期，在传统文化教育的熏陶和西方文化思潮的影响下，聪慧的章益一天天地成长起来。

欧文苏字《醉翁亭记》碑　刘曼殊摄

第三节 李登辉校长

暑期结束后，章益从家乡滁县回到上海，继续投入到学生运动中。学潮过后，章益面临升学问题。他和被开除的同学们向几所高等学校询问，却都因他们没有中学毕业文凭而不准报考。

到了秋天，章益听说复旦大学李登辉校长较为同情学生的爱国运动，于是，他满怀希望走进复旦大学校长办公室，向李登辉校长说明来意。此时，李登辉校长还不懂汉语，只会说英语和广东话，而章益不懂粤语，机敏的他立即用流利的英语和李登辉校长交谈起来。得知章益等几十名学生被圣约翰附中开除的原因后，李校长当即同意他们报考复旦大学。

章益和这些同学们都如愿考进了复旦大学（其中有虞洽卿的女婿、日后闻名上海滩的大律师江一平等人），从此他与复旦结下了不解之缘。李登辉校长是章益的恩师，是他学业和事业的引路人，他对李登辉校长满怀崇敬和感激之情。

复旦大学老校长李登辉

李登辉（1873—1947），字腾飞，祖籍福建同安，出生于荷属爪哇岛(今印尼)，是印尼第七代华裔。他是复旦大学任职时间最长的校长

（1913—1936年），为维持和发展复旦大学做出了巨大贡献。李登辉校长一生最骄傲的事是他培养出了26位大学校长，其中有后来担任复旦大学校长的章益，浙大校长竺可桢，清华及中央大学校长罗家伦，清华、复旦及英士大学校长吴南轩，安大、浙大及川大校长程天放，国立上海商学院院长裴复恒，北京农大校长俞大绂，他们秉承李登辉的办学精神，为中国高等教育建设披肝沥胆建功立业。有人说："复旦是大学校长的摇篮，李登辉是复旦的保姆。"

李登辉校长身材高大，脑门宽阔，戴着圆边眼镜，一副学者模样。他面容慈祥，说话声音低缓，是个虔诚的基督教徒。在学生们的印象中，"不曾听到他高声地说过一句话"。据资料记载，李登辉1883年12岁赴新加坡读书，19岁赴美国卫斯理公会大学（Wesleyan University）、耶鲁大学学习，获得文学学士学位后回南洋任教。在南洋任教期间他加入同盟会，追随孙中山先生进行革命活动。1905年他回国来到上海，加入基督教青年会，积极筹建"寰球中国学生会"，当了10多年会长。在青年会上他发表演讲："外国人办得好的事，我们中国人也可以办得好。但我们要吸收外国人的长处，发挥中国人的智慧。"

初到上海时，李登辉一句汉语都不会讲。基督教牧师汤仁熙觉得他人品和学问好，就把妹妹汤佩琳许配给他。他与汤佩琳是1907年结婚的。婚后，二人恩爱有加。比他小15岁的海伦·汤佩琳是教他汉语的老师，同时也教他深入了解中国的人情世故和风俗习惯。据熟悉他们的人介绍，汤佩琳是一位精明能干的太太，内外事务都能应付自如。她细心服侍丈夫像对待一个小孩子一样。李登辉吃饭时，她总是为他预备好一块白白的围巾，围在他颈项下，每一样食品她都悉心料理。因丈夫爱吃南洋的酸甜口味的菜，汤佩琳就特地请南洋回来的朋友示范教她……

李登辉来上海的第二年（1906 年），当时的复旦公学校长（复旦创始人，第一任校长）马相伯委任他担任教务长兼授英、法和德文等科目。李登辉学问精深，他在美国学习期间成绩突出，所学人文和社会学科均是优等。他不仅精通马来西亚、荷兰、英、法、德语，对希腊、拉丁等古代文字也有深入的研究，是当之无愧的“学霸”。学识渊博的李登辉讲课颇受学生们的欢迎，他的学生何葆仁回忆道：“李校长讲课，真是精彩极了，因为他口才好，举例多，使每个人都明白。听他的课，真是如沐春风。”

李登辉对学生亲如父子，经常和他们一起用餐。李登辉爱吃花生，几乎每顿饭都离不开。李先生和学生们坐下后，会用国语问每人“贵姓”，然后便默默地和学生们一起吃饭。他不会说复杂的国语，但他立志学习，吃饭时坚持不说英语，谁说一句罚洋一角。虽然他每天被罚款最多，却还是很开心。

李登辉不轻易动怒，但他是个有血性的知识分子。在吴淞复旦公学任教期间，有一天他坐火车去外地，在车上听见一位妇女的呼救声，原来是几个美国水兵正在调戏一位村妇，他气愤地用英语呵斥无礼的美国水兵，一个水兵怪他多事，抢了他的手杖扔出窗外。李登辉怒不可遏，上前撕下这个美国水兵的肩章，水兵仓皇逃跑。回到上海后，李登辉在报上撰文披露此事，美国领事碍于影响向他道歉，并处罚了这个水兵。

1908 年李登辉赴北京应考，考中举人。他回上海时，对妻子说，一到北方，就看见满坑满谷都是官，打官话，装官腔；重虚伪，轻实际；上下贪污，贿赂成风。他对此痛恨极了。1911 年 10 月 10 日武昌起义后，复旦公学多位董事逃亡海外，经费断绝，复旦公学陷于停顿，于是他转到《共和西报》担任主笔，兼任中国公学教授；后又出任中华书局的英文部主任。1912 年，毁于战火的复旦公学从吴淞校址迁入徐家汇的李公祠，1913 年，复旦公学校董事会成立，他被董事孙中山先生等人推选为校长。

李登辉下决心“教育救国”，立志学好国语。他每天早上与夫人坐马车到校上课，课余请夫人教他国文，像个小学生一样手捧《高等小学国文教科书》认真学习。几年后，他不但能用汉语演说，还能引证“四书”。他继续攻读古文，并把有教育意义的古典文学作品译成英文，编入讲义，向西洋报刊投稿发表。

万事开头难，在李公祠复办的复旦公学，基础薄弱，资金欠缺，而且李鸿章的后裔多次状告复旦公学占用其家产，想把学校赶出李公祠，但他们的官司没打赢。李公祠是清政府为纪念李鸿章修建的十座祠堂之一，李公祠内“相辉堂”西面的三座楼、数学系的西式楼房（子彬院），都是李校长募集爱国华侨捐款建造的。西南角的二层小楼是李校长的私宅，他的夫人汤佩琳医生去世后，李校长把这座私宅捐作校产，并起名为佩琳院。

1917 年，复旦公学正式改组为私立复旦大学，改预科为正科，设文、理、商三科。学校规模变大了，李公祠的校舍已容纳不下日益增长的学生数。1918 年冬天，李登辉赴南洋各地募捐，很快在南洋筹得银元 15 万元。1920 年底，复旦大学在江湾翔殷西路（今邯郸路）购地建新校园。在新买的七十余亩土地上，举行了隆重的新校园奠基仪式。一年后兴建了办公楼奕柱堂（1929年增建两翼，改为图书馆，现为校史馆）、教学楼简公堂（现在的复旦博物馆）、第一学生宿舍（抗战时被炸毁，今相辉堂址）一座、教师宿舍一栋(被炸毁)。1922年2月,复旦大学正式迁往江湾新址,结束了建校17年没有固定校舍的困境。中学部留在徐家汇原址，称私立复旦大学附属中学。

那段时间，李校长经常往返于徐家汇和江湾之间。当时上海市区和江湾之间没有公路，为勘察复旦新校址，李校长只得先坐火车（淞沪铁路）到江湾镇，然后再坐手推独轮车，行约半小时才能到达。当时新校址内外遍地荒冢，没有人烟，不少人认为这里不适合建校，但李先生坚持自己的看法，苦心经营，奠定了复旦大学的基础。早年的复旦和国内其他多数大学一样只招男生，到了1927年开风气之先,招了女生,是上海较早招收女生的高校之一。

关于复旦大学的办学目标，李登辉的目光紧紧盯住牛津、剑桥、耶鲁、哈佛这些欧美名校，想要办成和它们同样的水准。复旦原有文理两科，新增商科（即商学院），仅晚于哈佛大学1908年开设的商学院9年。1920年，哈佛和耶鲁两校开设教育系，李登辉不甘落后于世界最先进的教育潮流，也在复旦试设教育科。他借鉴而不是全部照搬人家的办学方式，例如，耶鲁是极具宗教特色的学校，他是虔诚的基督教徒，但他绝不要求复旦的学生信教入会。

他恪守复旦创始人马相伯“崇尚科学、注重文艺、不谈教理”的办学信条，倡导“学术独立，思想自由”的办学理念，被他邀请来复旦为学生们开课讲座的有各领域的著名专家学者，他想把复旦建设成为世界一流大学。

遇到李登辉校长，成为他的得意门生，是章益一生的幸运。

第四节　李公祠任教

复旦在徐家汇的李公祠时期，办学条件十分简陋。据复旦校友们回忆，学校四周一片荒凉，夜里都不敢到校外走动。坐电车从福开森路到复旦校门，路口只有一间白洋房。因经济条件所限，校园内设备不齐，国文科全校混合编班。学馆是由过去的内戏台装修改造的，四周是学生寝室，当中是空场（上边是明瓦窗）。每到阴雨天，这空场往往被顽皮的学生们当做小皮球场，开球、攻、抢、挡、截、拉人、踢人、绊人、流血……急喊大叫，拍手欢呼。踢球时他们常常打破玻璃，违反校规。严厉的学监赶到学馆，在顽皮学生兴高采烈手舞足蹈时，记下他们的名字，把记过告示张贴出来，不管他们怎样吵嚷或求情都没用。

自制力强的章益没有违规记录。那段时间，他谨记复旦校训“博学而笃志，切问而近思”，更加发奋努力。上课时他全神贯注地听课，学习成绩一直优异。当时，英文造诣高深的李登辉校长兼教逻辑学，章益的逻辑学课，以 90 分的考试成绩名列第一，李校长说：“我的‘逻辑’，很少有人得 90 分，章益的考卷，我不敢相信，又看了一遍，本想把它减到 85 分，但是我做不到，他的 90 分当之无愧。像章益这样的学生，不但中英文俱佳，其他课目，也都是非凡出众……”章益的学习生活紧张而忙碌，他每周除了规定学科外，课外还参加了“进修”“友谊”两个学会和中文演说、英文辩论等。

1919年10月2日，上海学生联合会评议部召开会议，章益被选为临时书记。该联合会是当年5月11日在李登辉校长的支持下成立的。11月15日，日本帝国主义以日商货物被截为名，派便衣警察和浪人殴打表演爱国新剧的学生，第二天又打死打伤多名学生，制造了一起严重的流血事件，这就是“福州惨案”。此一事件激起了全国人民的反日情绪。

11月29日，上海学生联合会临时书记章益提议，召集上海全体学生于周二走上街头，举行示威游行，向市民们散发传单，发表演讲，以鼓励民气。

1922年2月，复旦大学部迁入江湾新校址。在新的学习和生活环境里，章益一如既往地学习和工作，忙里偷闲熬夜写文章，在《民国日报》《平民》周刊上发表评论文章《文学家底愉快与苦闷》[①]，讨论了他对“愉快”和“苦闷”特别是文学家的“愉快”和“苦闷”的理解和看法：“大体说起来，凡是人生的需要，能够如愿以偿，便可发生愉快。”他从生物学角度把“文学家的愉快”分为三种层次，三种层次的满足依次递进，最高层次的满足是情感的满足，能引起读者情感共鸣的文学作品才会成功，那些古今中外名家们的成功，就在于“用了许多的心力和时光，到底找着了人类底真情感”。章益对苦闷的理解有两种：“一种是失足堕入的苦闷，一种（是）自己有心寻来的苦闷”。文学家的苦闷是后一种，他们（她们）经过苦闷的酝酿构思后，最后收获了愉快的成果。同时章益又指出，文学家不是一点苦闷都没有，像为了名

① 《民国日报·平民》1922年第105期。

利闭门造车东拼西抄之类的文学家，就会苦闷无穷。章益在这篇议论文中，将心理学、生物学和文学结合起来，对“愉快”和“苦闷”进行探讨，分析指出文学家成功的根源，抨击了文学创作中的弊端。

1922 年 5 月，章益将要从复旦毕业，他和十多名毕业生结束考试后，从上海出发赴南通、无锡等地旅行考察国情，并在考察结束后作考察报告。当年 6 月他从复旦大学文科毕业，成绩列文科毕业生第二名，获得金质奖章。他在 29 日于江湾新校区举行的复旦大学第十一届毕业典礼上，作为最优等毕业生发言。

毕业后，章益被李登辉校长留了下来，在复旦大学附中李公祠担任英文教员。

李公祠校外一片荒凉，校内环境幽雅，古朴的庭院里秀木繁阴，春天一树树玉兰花开，夏季一池荷塘馥郁芬芳，金秋丹桂飘香，沁人心脾。章益在这里兢兢业业地执教和工作，认真钻研教学资料，精心备课，充满热情地上好每一节课。他的学识、他的教学方法，赢得了学生们的由衷敬佩。章益说话幽默风趣，循循善诱地教育学生，给学生们留下了难忘的印象。

有一次，第一节课钟声已响了一会儿，有个学生才慌忙赶到教室，他怕被学监处罚，向温和的章老师求情，求他为自己改迟到记录。章益耸了耸肩，微笑着用英语说：“太晚了。”他把那“晚”字说得巧妙，表达得像疑问也像惋叹，意思是“太晚了吧？！”当着全班同学的面，章益虽然没训斥这位迟到的学生，却让这位 16 岁的学生感到惭愧，一生难忘。他这表达相当于禅宗“当头棒喝”达到的目的，或达到柳宗元“嬉笑之怒，甚于裂眦”的效果。

作为李登辉校长的得意门生，协助李校长的工作他责无旁贷。大学部迁移到江湾后，李校长每周两天以上到李公祠来办公，他随时要顾虑到大、中学两部分的衔接，课程安排是他首先要考虑的，章益经常和恩师一起交流和探讨。当时，中学部的课程分配，是全力教授学生的基础知识。国文英文各学科实行分级制度，在这种分级制度下，属于国文范畴的，另有中国历史和地理科；属于英语系统的，除了英文本身外，还有外国历史和地理及数理化等科。外国史地和数理化都使用原版，教师用英语讲课。这种分级制侧重英文，和当时教会学校的制度接近。

在复旦附中担任两年教员期间，章益积极参加校内外的各种教育实践活动。西门乔亚书院举办英文演说比赛，邀请章益担任评委。他还与8位上海中学教师发起成立上海中等学校联合中文辩论会。家乡安徽省滁县、来安县在沪人士成立“滁来旅沪同学会”，德才出众的章益当选为会计委员。

第五节 赴美留学

为开阔视野提升自己，章益想去美国学习深造。经一年筹备，1924年8月，章益辞去复旦中学教职，准备前往美国芝加哥大学留学。临行时，章益就他自己去美国学什么专业向李登辉征求意见。李登辉校长问他：“你想学哪一科？”章益说：“我想学政治学。”李校长不以为然，建议章益改学教育学，心理学可作为第二专业。章益听从师命，去美国攻读教育学和心理学。

章益原打算8月10日乘坐杰斐逊总统号油轮离开上海，因为美国新《移民法》规定，赴美学生需美国大学回函后，才能从领事馆取得护照，章益无法按时启程，只能返回家乡滁县等候。8月底手续办妥，章益自滁县返回上海时，“江浙战争”爆发，铁路遭到破坏，行程困难，直到9月3日他才乘杰斐逊总统号邮轮转道日本神户去美国。到达美国后，章益原计划坐火车前往东部求学，但因经费困难，最终就读位于西雅图的华盛顿大学教育学院。

阴雨霏霏的西雅图，一年有九个月都在下雨。章益租住在一个美国房东家里，房东是一位退休女教师，为人开明。经她介绍，他认识了斯特朗博士——一位和平主义者。第一次世界大战期间，斯特朗博士曾因反对帝国主义战争被捕入狱。他和蔼可亲，思想进步，对中国人十分友好。他女儿安娜•路易斯•斯特朗，是美国著名女记者和作家，她曾将毛泽东“关于一切反动派都是纸老虎”的论断介绍给世界。章益想拜见斯特朗女士，但她当时不在美国，章益没能见到她。

除了斯特朗博士，章益还结识了司各特·尼林教授。尼林教授也是一位进步人士，他曾在芝加哥大学任教，因思想另类被解聘，曾写过一本《美元外交》和一本《苏维埃教育》。他来到西雅图时，华盛顿大学青年会学生请他演讲，但学校当局不欢迎他，不准借用礼堂。大学生们只得在青年会的地下室举行集会，好奇求新的章益也去参加。尼林教授演讲后和大学生们聚餐，章益得以和他面谈。后来，章益读了他写的两本介绍马克思主义的著作和其他有关书籍。

华盛顿大学学习氛围很浓，常有各种聚会、演讲和辩论。章益在学校结识了一些志趣相投的同学，他带回国的黑白相册里，保存着他和一些同学的合影，那是一个个气宇轩昂、风度翩翩的年轻学人。有时他也到校外西雅图市的“中国俱乐部”里参加活动，那是一批和中国做买卖的美国商人组织的，每年秋季大批中国留学生经过西雅图时，中国俱乐部都会设宴招待。按照惯例，邀请本地中国学生代表参加，也请华盛顿大学历史系东方史专家高文教授参加。在一次宴会上，高文教授在演讲中大肆吹捧日本帝国主义。轮到章益发言时，他气愤地用流利的英语予以驳斥，受到主持宴会的东道主的赞扬。

章益在来华盛顿大学之前，筹集的留学经费很少，他打算学习一段时间后利用假期找份临时工作维持生活，但先天聪慧后天努力的章益门门功课都拿“A”，受到院长和教授们的器重，颁发给他一份研究生奖学金，在他之前华盛顿大学的外籍学生中，只有一个俄籍犹太人得过此项奖学金。同时，章益又凭学业成绩申请到了清华大学的奖学金，因此留学费用全部解决。①

1926年他在华盛顿大学获得硕士学位后，准备去向往已久的哈佛大学攻读博士学位。此时，他的挚友孙寒冰也想去哈佛攻读法律专业，正为学费不足而苦恼。章益非常佩服孙寒冰，认为孙寒冰是个天才。于是他毅然从奖学金中拿出一部分赠给孙寒冰，因此孙寒冰得以进入哈佛大学就读。

章益放弃了学费昂贵的哈佛大学，而去了学费较便宜的芝加哥大学攻读。他这种惜才爱才慷慨助人的精神，令人敬佩。后来，孙寒冰自哈佛大学毕业回国后也在复旦大学任教。在抗战时，复旦

---

① 美国当年将庚子赔款的剩余部分在中国设立了一个基金会，由中美两国派员共同掌管运作，基金的大部分以奖学金的形式提供给清华大学，章益当时就是由清华奖学金提供了留学费用。

西迁到重庆北碚黄桷树镇，1940年5月27日，孙寒冰教授被日本飞机炸死，章益为之无比震惊和痛惜，流泪不止。这是后话。

章益虽身在大洋彼岸，但他仍心系多难的祖国。1925年上海爆发了“五卅”运动。5月30日，上海等地的工人游行，抗议日本棉纱厂非法开除并殴打工人事件，要求增加工资，遭到英租界军警开枪镇压，造成流血事件，引发了一场国内爱国运动的大风暴，国际进步人士纷纷予以支持。经斯科特博士介绍，章益认识了西雅图工人夜大负责人肯尼迪和《工人日报》主编哈斯，他接受肯尼迪的邀请，去夜大向美国工人报告“五卅”惨案的情况；在哈斯的安排下，章益在美国街头发表演讲，博得了部分美国公民的了解和同情。

他怀揣着读书救国的梦想发奋苦读，勤于思考。在华盛顿大学读书时，正是行为主义心理学在美国盛行之时。行为主义强调人的学习是刺激——反应的机械联结。章益对此提出质疑，他使用小白鼠做了个精巧试验。结论说明：即便是小白鼠的学习，也不会是机械的刺激——反应联结，而是含有认识成分。新行为主义的代表——心理学家托尔曼的认识理论在6年后才公之于世。

在美国留学期间，章益还有一项研究闻名于世，那就是关于横直行排列和新旧标点对阅读效率的影响实验，得出统一采取横行排印并加注标点更有利于阅读的结论。

他还进行了中美两个民族间伦理观念的心理学实验研究。他选取了来自该校教育学与心理学系的65名美国学生和来自各个学科的32名中国学生作为受试对象，实验方法是完成100道伦理判断测验题。实验完成后，章益历经三年整理出了实验结果，并于日后发表论文《两个民族间伦理观念的比较研究》。

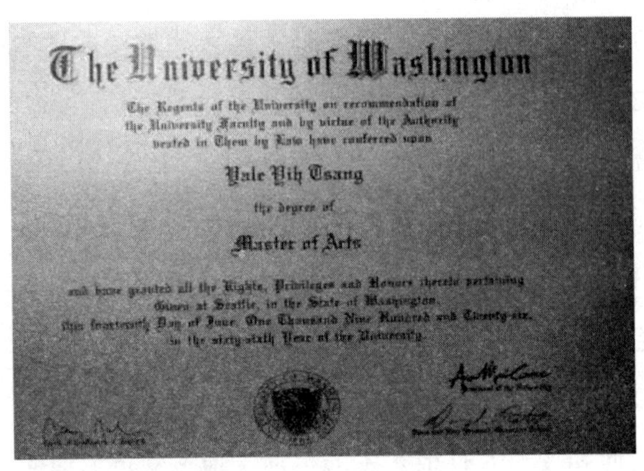

The University of Washington

The Regents of the University on recommendation of
the University Faculty and by virtue of the Authority
vested in Them by Law have conferred upon

Yale Yih Tsang

the degree of

Master of Arts

and have granted all the Rights, Privileges and Honors thereto pertaining
Given at Seattle, in the State of Washington
this fourteenth Day of June, One Thousand Nine Hundred and Twenty-six,
in the sixty-sixth Year of the University

章益心理学硕士学位证书

1927年3月，章益几次接到家里电报，要他回国。3月24日，北伐军进占离滁县不远的南京，章家听说有些军人在乡下村镇抢劫，担心家里财产安全，为避战乱已经搬迁到上海居住。李登辉校长也去函要章益回国，聘他回复旦执教。于是，章益放弃了华盛顿大学的博士学位考试，乘亚细亚皇后号邮轮离开美国，返回上海。

第二章 ‖ 执教撰著 声誉鹊起

第一节 复旦大学

复旦大学始建于1905年，原名“复旦公学”，创始人为中国近代著名教育家马相伯（蔡元培、于右任、邵力子的老师），首任校董为孙中山先生，这也是中山先生以革命领袖身份唯一一次出任高校校董。复旦的校董很多，有伍廷芳、程德全、颜惠庆、萨镇冰等十余人，以及协助马相伯创办复旦公学的于右任、邵力子等。据《复旦大学志》等资料记载，蔡元培曾担任过复旦公学校董。后来，在复旦大学建校三十周年之时，蔡元培题写了“好学力行”四字。之后，陈望道校长将这四字题写为复旦新闻系的系铭。[①]

1911年秋，在辛亥革命中，位于吴淞的复旦校园被光复军司令部占用，学校被迫迁至离上海不远的无锡办学。1912年5月5日，南京临时政府教育部通告各省：大局初定，速令高等学校、专门学校开学。复旦则因校址无着、经费困难而束手无策。孙中山

① 2003年11月25日复旦《校史通讯》。

先生在听了于右任（时任临时政府交通部长）的汇报后，在临时政府经费紧缺的情况下，特拨了徐家汇李公祠堂为复旦校舍，还拨出一万银元作为复校经费，并于是年应邀出任复旦校董。

在1919年的五四运动中，复旦师生积极声援北京五四运动，发起成立了上海市学生联合会，带领80多所学校师生示威游行，成为五四运动在上海的指挥部与大本营。10月，孙中山先生给复旦师生作了题为《救国之急务》的演讲，热情赞扬了上海学生反帝爱国、团结斗争的精神。

据2005年《新闻晚报》报道："事后，复旦学生、市学联总干事长朱仲华代表市学联去孙中山先生寓所答谢先生给予的指导和帮助。孙中山先生兴冲冲地拿出笔墨，由宋庆龄亲自研墨，在长约四尺、宽约九寸的宣纸上，写下了'天下为公'四个大字。"1923年2月，孙中山先生从广州回沪，对步入新的发展时期的复旦，颇为满意，他应复旦同学之邀，欣然在《复旦年刊》上题写了"努力前程"四个字，表达出对复旦学子的殷切希望，希望复旦仍须努力，兴旺发达。

意气风发的章益走进母校那熟悉而亲切的牌楼式大门，大门正面牌匾上"复旦大学"四字雄健厚实，系由复旦大学校友苏莘垞书写。这个大门是1922年李登辉校长在经费十分困难的条件下修建的，上盖青黛小瓦，飞檐翘角，首吻为饰，大门上有铜质圆形校徽，牌楼背面悬有"敬业乐群"横匾，平时由两侧小门进出。回到母校执教的章益感到很高兴，他对复旦大学充满了感情——这里有当初救他于困境的恩师李登辉校长，有志同道合的同事协力合作，有来自全国各地求知若渴的年轻学子们，章益的生命历程在此揭开了新的篇章。

章益回到复旦大学，受到李登辉校长的欢迎。李校长让他教授历史教学法、心理学等课程，为开设教育学系做准备。章益是位优秀的老师，在课堂上经常引经据典，妙语连珠，很受学生们的欢迎。章益在讲课中首先考虑学生的接受能力，“以深入浅出为主，既要明白生动，启发兴趣，又不损害科学的准确性。”（《章益自传》）

当时的复旦大学，执行李登辉校长“学术独立、思想自由”的办学理念。学校的学习空气浓厚，学生们思想活跃、视野开阔。这得力于复旦拥有一批品德高尚、学贯中西的教授。那时的复旦大学名师很多，如陈望道、孙寒冰、刘大白、金通尹、温崇信、余楠秋等。中文系主任陈望道教授，原名参一，浙江义乌人。他是中国著名教育家、修辞学家、语言学家。1915 年 1 月，他赴日本留学，先后在东洋大学、早稻田大学、中央大学学习文学、哲学、法律等。回国后于 1920 年翻译并出版了《共产党宣言》第一个中文全译本。

时隔 92 年，2012 年 11 月 29 日，习近平参观《复兴之路》展览，当他看到陈列于展柜中的《共产党宣言》中文译本时，讲了一个关于真理味道的故事：一天，一个小伙子在家里奋笔疾书，妈妈在外面喊着说：“你吃粽子要加红糖水。吃了吗？”他说：“吃了吃了，甜极了。”老太太进门一看，这个小伙子埋头写书，嘴上全是黑墨水。结果吃错了，他旁边一碗红糖水没喝，却把那个墨水给喝了，而他浑然不觉，还说，“可甜了可甜了”。这人是谁呢？就是陈望道，他当时在浙江义乌的家里，就是写这本书。于是习近平由此就说了一句话："真理的味道非常甜。"①

1927年陈望道兼复旦大学教授，第二年任复旦中文系主任。陈望道与鲁迅先生关系很好，1927年10月，在中山大学任国文系主任和教务主任的鲁迅先生，辞去教职偕夫人许广平离开广州来到上海，陈望道第一个请他到复旦中文系演讲。

才华横溢的孙寒冰教授讲中国外交史，从林则徐到李鸿章，他在课堂上侃侃而谈，引人入胜。声音洪亮的温崇信，讲政治学精辟独到，学生们凝神听课，边听边记，生怕漏掉一句。讲课严谨周到的金通尹也同样受到学生们的欢迎。

李登辉校长常在各教室里巡回，听教师们讲课，看学生们听课、学习。因为他在英文方面造诣精深，所以他最爱听英文课，听到哪个教师讲错时，会当场用低缓的声调，夹杂着流利的英语指出错误的地方。教师们讲课时若看见李校长轻轻推门进来，都很紧张。

复旦大学不仅重视德育、智育，也十分重视体育。复旦有热衷体育的传统。在徐家汇时，学生们课余喜欢踢小皮球，学校迁到江湾后条件更好了。学生们注重强身健体，十数年间，复旦学生的体育成绩非常出色，篮球常得冠军，雄视上海各大学校；足球也可与足球强校约翰南洋二校分庭抗礼。排球、田径等方面也表现优秀，20世纪20年代初，全国田径纪录有八项为复旦学生所创。

复旦有全心爱校仁慈开明的李登辉校长，有一批才华横溢

---

① 程瑶：《不忘初心，习近平讲的这些故事发人深思》，新华网2019年5月29日。

敬业奉献的教授，因此培养出一批批德才兼备的学生。那时的青年学生，不论男女，一个个朝气蓬发、气度不凡、壮志凌云。在一次次国难危机中，复旦大学的爱国师生们都挺身而出，为民请命，鼓舞民心，或直接走上抗战第一线。在复旦大学、附属中学、实验中学，在颠沛西迁的路途上，师生们充满爱国和爱校热情唱着校歌——

复旦复旦旦复旦，巍巍学府文章焕，
学术独立思想自由，政罗教网无羁绊，
无羁绊前程远，向前，向前，向前进展。
复旦复旦旦复旦，日月光华同灿烂。
复旦复旦旦复旦，师生一德精神贯，
巩固学校维护国家，先忧后乐交相勉，
交相勉前程远，向前，向前，向前进展。
复旦复旦旦复旦，日月光华同灿烂。
复旦复旦旦复旦，沪滨屹立东南冠，
作育国士恢廓学风，震欧铄美声名满，
声名满前程远，向前，向前，向前进展。
复旦复旦旦复旦，日月光华同灿烂。

这首校歌是1925年时由复旦教授刘大白作词，画家、文学家、音乐教育家丰子恺配曲。歌词中的“学术独立思想自由，政罗教网无羁绊”，体现了现代大学的精神，它具有旺盛顽强、历久弥新的生命力。

第二节　夫人李伊迪

章家两兄弟娶了李家两姐妹，在知情人中被传为一段佳话。

章益的哥哥章谦（字吉六），比章益大三岁，1898年9月1日生于滁州，1915年去上海同济中学读书，1916年在家乡与李涵青结婚。章谦肄业于上海同济大学，1920年去德国留学读化学，在达姆斯达特大学获得化工工程师学位。1927年回国后在德资洋行就职，阖家自滁县迁往上海居住。后来在同学家开办的纱厂、面粉厂工作，积累了工作经验，锻炼了能力。再后来，他与同学合资创办优生制药厂，所制“优散痛”等药曾驰名一时。

章益1920年前在哥哥家见到了嫂子的三妹——清纯文静的李伊迪。李伊迪比章益小两岁，就读于上海爱国女中，她经常到大姐李涵青家。年轻的章益怦然心动，喜欢上她。夜里他躺在宿舍床上，望着窗外的月亮失眠了，李伊迪的面容总是浮现在眼前……

阳光明媚，春意盎然，校园里的紫荆花迎风绽放。章益给李伊迪写下一封封热情洋溢的情书，约她周六到公园里散步，去电影院看外国电影。文静含蓄的李伊迪说话少，她喜欢听满腹才学的章益说话，听他谈国家局势和他的理想……情窦初开的李伊迪眼里闪烁着异样的光彩，她被儒雅英俊、聪敏又谦虚的章益深深吸引了。每次见面他们都有说不完的话，聊彼此学校的事，聊滁县老家的事。

李伊迪家是滁县的大户人家，她父亲是晚清的一名武官，她的叔叔做过上海的道台（清时省与府之间的地方长官，为正四品官员）。大姐李涵青1916年嫁给章谦时，她叔叔慷慨地把自家的木材厂送给侄女做嫁妆。李伊迪和大姐的感情最好，她们是同父异母姐妹。

当年，李伊迪当武官的父亲攻打山东曲阜时，和孔府管家的女儿好上了，准备把她带回家乡。可他在家有老婆，因为这事他老婆气愤之下服毒自杀。孔府管家得知此事后，坚决不同意女儿嫁给武官。武官赔了原配夫人，又没娶上相好的女人，苦闷极了。于是，做上海道台的弟弟帮哥哥娶了个上海乡下的俊俏姑娘。

武官的新夫人为他生下四女两男。加上与原配夫人生的大女儿，武官有五个女儿，长大后五个女儿嫁的女婿个个出色：大女婿章谦在上海开优生药厂；二女婿是上海交大教授金悫——滁县大户金家的公子（钱学森的大学老师，曾给钱学森讲授过水力学，给钱学森留下终生难忘的印象）。三女婿便是章益。最小的女儿俊美动人，聪明活泼，能歌善舞，在上海读大学时被誉为“校花”……[①]

再说章益和李伊迪的婚恋故事。民国时期受西方文化的影响，青年男女开始追求自由恋爱。然而长辈的观念多数还很保守，“父母之命，媒妁之言”，主张儿女婚姻应由父母做主，章益和李伊迪也担心父母反对。但他们两家知根知底，又是亲戚关系，双方父母都满意，他们的婚姻没遇到障碍。1921 年章益读大二时，结婚成家。1922 年 4 月 24 日，长子章履通出生。

章益和李伊迪生有一儿三女（一女早夭），夫妻二人恩爱情深，几十年如一日，风雨同舟同甘共苦。温良贤淑的李伊迪是丈夫

① 这些鲜为人知的往事，是章益长孙章大纯向笔者介绍的。

的好帮手，无论是住在上海徐汇村的教授楼，还是西迁重庆夏坝所住的简易房屋,李伊迪总是把家里收拾得窗明几净,舒适宜人。有空时她也会和亲友或熟人打麻将。1947 年生的章益长孙章大纯回忆，他祖父祖母与巴金和夫人萧珊住在徐汇村时，他祖母闲暇时经常与萧珊一起打麻将，拉家常……

章益与夫人李伊迪　章益家人提供

成家后，生活琐事不用章益操心，他把全部的精力都投身于工作之中。

1927 年 8 月，复旦大学为方便四年旧制中学毕业生升学，添设了预科学校，章益被李登辉校长聘为预科主任，以锻炼其行政领导的能力。

章益就职后着力于课程革新，旨在提高附中的课程质量。为了实现他的目标，他从各大学聘请来很多精英教师，为附中学生上课，并亲自担任英文教师。改革后的复旦附中除国语、英文、生物、化学等基础课程，也有人生哲学、会计学、外交史、时事学等特殊课程，内容全面丰富。章益讲社会心理学，他一口流利的英语，旁征博引，娓娓动听，颇得学生敬重和信服。

章益还组织复旦附中学生们到校外参加社会实践活动。

1928 年 4 月 13 日，章益带领 100 多名复旦大学预科男女学生，前往复旦大学前身——复旦公学所在地吴淞炮台湾春游并聚餐。春光烂漫，桃红柳绿，学生们像出笼的鸟儿一般兴高采烈，在春游中他们了解到了复旦的校史。

原来，“复旦”二字选自《尚书大传·虞夏传》中的名句“日月光华，旦复旦兮”，意在自强不息，寄托当时中国知识分子自主办学、教育强国的希望。追本溯源，“复旦公学”前身是“震旦学院”，是马相伯在 1902 年创办的，当时借用天主教徐家汇天文台旧址为校舍，聘请了一些法国传教士来校任教。1905 年初，法国教会中的势力排挤马相伯，让马相伯离校“养病”，这引起了于右任、邵力子等爱国学生的不满，他们摘下大门上的校牌，离开震旦学院，拥戴马相伯另创“复旦公学”。当时的洋务派人物——两江总督周馥支持复旦公学，划拨“吴淞提督行辕”为复旦公学校舍，并拨给办学经费。

1905 年 5 月 27 日，天主教耶稣会有人盗用震旦学院名义，在上海《时报》刊登广告，声称在七、八月间招生，被复旦公学师生察觉，于同日也在《时报》刊登广告，声明震旦已经解散，现在教会的震旦与原来的震旦学院无关，原震旦学院已更名为复旦公学，并于 7 月在吴淞开学。复旦公学在吴淞度过了七八年的办学岁月，之后又搬到了徐家汇的李公祠。1917 年，改为私立复旦大学。

复旦创始人马相伯，被誉为“中国第一大演说家”，他在复旦开设“演说学”，作为文科的必修课。精神矍铄的马相伯，每周六下午在大礼堂开训话会，全体师生聆听他的谆谆教诲。马校长声音洪亮，谈立身处世之道、求学救国之法，时而语重心长，时而风趣幽默。（抗战初期，马相伯过百岁寿辰时，沉痛地对出版家胡愈之说：“我是一只狗，只会叫，叫了一百年，还没有把中国叫醒！”）

1912 年民国成立，马相伯受孙中山先生之邀，以 72 岁高龄出任南京市首任市长。1913 年，李登辉先生出任复旦公学校长……

复旦附中校园是一片净土，校园外的社会却充满危机和动荡。1928 年 5 月 3 日，觊觎中国的日本制造了“济南惨案”。1928 年 5 月 1 日，第二次北伐战争期间，国民革命军一举攻克济南。一直对华怀有野心的日军于 5 月 3 日派兵侵入山东交涉公署，用刺刀割去交涉员蔡公时的耳鼻后又枪杀了他，交涉公署职员全部被杀害。日寇在济南肆意劫掠，屠杀济南百姓 17000 多人，2000 多人受伤。“济南惨案”发生后，激起了全国人民的强烈愤慨。

全国各大学校园里卷起了又一轮爱国风潮。5 月 5 日，上海各大学联合会召开会议，决定组织对内对外宣传委员会，抗议日军暴行，“唤起世界各国之同情”。章益被任命为对内宣传委员长。12 日，该联合会宣传委员会召开会议，并邀请新闻界参会，章益主席致词：“日人此次暴行，实为有精密组织之举动。深望新闻界能努力宣传，且吾人仅能使学界团结，而新闻界则可指导全国各界。故深望新闻界予吾人以指导，自今日始通力合作，将来对日交涉必可得最后胜利。”

10月8日，在复旦大学校行政院召开的临时会议上，章益、金通尹被推选为上海各大学联合会本校代表。10月17日，上海中等学校协进会举行第一次全体大会，章益作为复旦附中代表参会。10月27日，复旦同学会召开会员大会，工作积极能干的章益被公推为会议主席。

28岁的章益，在担负社会工作和附中教职的同时，还在上海女学教授教育史。

第三节 回安徽任职

1929年1月，湿冷的上海冬天，章益迎来了一位穿着皮袄气度不凡的客人，他就是复旦校友程天放。程天放当时是安徽省教育厅新任厅长兼安徽大学校长，此次前来是为了延聘在沪皖籍人才。章益了解这位比他大两岁的学长，他是江西新建人，生于杭州，是湖广总督程矞采的曾孙。程天放聪敏好学，出口成章，享有“江西才子”之誉。他兴趣广泛，喜爱旅游、摄影以及太极拳、围棋等活动。他在复旦大学毕业前，积极响应北京“五四”运动，是上海学生联合会的领袖之一，曾受到孙中山先生的接见。

此前，章益收到家里拍来的电报，父亲生病，他得回去伺候。于是向学校请假回到安徽。待父亲病情好转后，于1929年1月出任安徽省教育厅秘书（当时安徽省府在安庆市），干了一个多月。

1928年11月，安徽大学校长刘文典因为出言顶撞蒋介石被免职拘押，不久离开省立安徽大学。安徽大学校长一职空缺。1929

年 1 月，安徽省政府任命安徽省教育厅长程天放兼任安大校长。程天放于 1929 年 3 月任命章益担任安大文学院院长一职。[①]

刘文典，安徽怀宁人，曾在日本留学，做过孙中山先生的秘书。是位学贯中西的文史专家，对《庄子》颇有研究。他性格狂傲，曾毫不谦虚地说："真正懂《庄子》的只有两个人，庄子本人和我。"他出版的十卷本《庄子补正》，陈寅恪大师为之作序。1928 年 8 月，省立安大文法学院成立，设中国文学系、教育系、政治经济学系、法律系，安大校长刘文典兼任文法学院院长。刘文典很有办学头脑，请来许多名教授和学者相助，文法学院很快有了规模。

1928 年 11 月 23 日晚，省立第一女子中学举办校庆晚会，隔壁安大百余名学生闻讯前往参观，遭拒绝后，他们捣毁礼堂，还打伤了一名女服务员，警察赶到平息了事端。经过协商，刘文典表示道歉，愿意赔偿女中损失，但不同意开除肇事学生。于是女中学生到省府请愿。28 号蒋介石到安庆视察，召见刘文典和女中校长程勉协商解决此事。刘文典以情况复杂为由，不肯惩办学生。蒋介石骂他是老封建、学阀，刘文典也不客气，骂蒋介石是新军阀，蒋介石十分恼火，以"治学不严"为由，将刘文典当场羁押关进监狱。后经蔡元培、陈立夫等人说情，刘文典才获释。

章益非常敬佩刘文典的骨气。他感到很有压力，觉得不能辜负程天放对他的信任，他要向这位能干的校友学习，有所作为。章益了解到，1929 年 2 月，程天放兼任安徽大学校长之后进行了一

---

① 瞿葆奎、章泽渊：《章益》，转引自《山东现代著名社会科学家传》，山东教育出版社 1998 年版。

系列的改组：停办安徽大学工学院，将文法学院分开，文学院设中国文学系、教育系；法学院设法律学系、政治学系、经济学系；修订学校各项规章制度，选聘一批国内著名学者如金陵大学教授、留美社会学博士吴景超，前国立劳动大学政治科主任、留美政治学硕士温崇信等加盟安徽大学，作为文学院、法学院以及预科负责人。身为安徽省教育厅厅长的程天放还争取省政府同意，“在安大临时费下拨出一万银元，购买图书仪器”。

学校在教学管理上采用学分制，视各个学院课程的性质，分别规定学生毕业年限以 4~6 年为限。为拓宽学生的专业知识面，学校采取了一年级按学院授课的方法，每个学院一年级，都设有各种与专业相关的必修课程。

文学院师资力量在各学院中最为雄厚，全校本科专任教师 23 人，文学院教师就占了 13 人，其中国学大师姚永朴、李范之、陈慎登、潘季野等，都是程天放聘请来的。章益很尊重他们，经常与他们在一起谈心交流。

作风民主、办事认真的章益，在担任安大文学院院长的半年时间里，受到师生们的一致好评。章益一如既往，在处理各种日常事务之余坚持写作。他在《社会心理学在社会科学中的地位》[①]一文中，首先分析了亚当·斯密、李嘉图和功利主义学派如何从人性角度解释经济人生，接着介绍了华拉斯讨论的政治与人性的关系。并具体论述了为何教育心理学出现如此之晚的原因：因为作为教育心理学母体的社会学和心理学发展与成熟较晚。章益从

① 《安徽教育》，1929 年第 1 卷第 3 期，第 11~23 页。

独立学科的角度进行了逐一审查，指出区分社会心理学和普通心理学有两条路可走，一是“主张以集合的人群，或集合的心理现象，做社会心理学研究的对象”，但这一条路是有弱点的；第二条路则是“我们虽然承认行为与意识只是个体的作用，社会心理学亦须着重在个人”。最后他总结说，社会心理学是否应并入其他学科，暂且存疑不论。但是无论如何，社会心理学的作品价值不能被否认，“他们代表一种特殊的观点，这是值得我们研究的”。

江城安庆是座“千年古城、文化之邦、百年省会”，风光秀美，古迹颇多，有振风塔、菱湖公园等等。章益没有时间陪夫人去这些景点观赏游玩，他在工作之余又完成了对于国际心理学发展新趋势之一的心理测验的介绍论著《心理测验之应用》。在论著中他简要介绍了心理测验史及心理测验的意义，接着他谈到心理测验的种类，以及心理测验应用的主体问题。

在《国立劳动大学月刊》上，他发表了译作《最近二十五年来之心理》，对心理学的起源、发展脉络，尤其是心理学在 20 世纪头 25 年来的新成就与新流派进行了简述。

在上述杂志上，他还发表了论文《读法心理的研究》[①]，谈了读书的重要性，分析了读书的方法，谈了有关读书的几个比较艰深的问题：第一是眼球的运用；第二是视觉问题；第三是速度与理解力的比例；第四是读书与朗读的比较；第五是有标点与无标点。他以实验的方式证明了有标点对于加快理解的重要意义。第

① 《国立劳动大学周刊》1929 年第 2 卷第 12 期，第 9~15 页。

六是横排与直排，由于眼球的移动上下难、左右易，横排应该比直排更好……

章益在安徽大学文学院认真履职，潜心教研，仅仅半年，他的恩师李登辉校长的电报就来了。1929 年 9 月，复旦大学根据国民政府教育部规定，把原来的 6 科 24 系调整为 4 院，院下分设 17 个系，在文学院下创设教育学系。李校长发来电报要求他的得意门生章益回上海，担任复旦大学文学院教育学系主任，章益愉快地答应了恩师的要求。

第四节　创办教育学系

章益重回复旦担当重任，他深知在复旦创办教育学系，是李校长多年的愿望：复旦大学里面必须有一培养中小学师资的专科。章益在《教育系简史》中写道：

> 在作者自学校毕业以后，准备赴美留学的时期，校长就敦促他专攻教育，以作筹设教育专科的准备。作者对于教员的业务，原有相当的兴味；加以校长的劝勉，就决定以教育学和心理学为专习专科。在留学期间，校长又常有书信寄去，仍以前意相督促。这样酝酿了数年之久，后来这个愿望才得着实现。可说完全是校长先生坚决的意志所促成的结果。
>
> （《复旦大学志》）

他回顾设在复旦最早的教育学科：最初担任者为著名经济学

者汤寿松先生，他从湖南因为反对督军张敬尧逃到上海，被复旦聘任，教经济学兼及教育学。这一门学科，堪称复旦教育学开宗明义的序章。第二年，社会学者陈定谟担任文科四年级教育学讲座，内容为教育学原理。此外与教育学密切联系的心理学与哲学两门，为李校长亲自任教。

> ……直至民十八（1929年）秋季，全校组织变更，各系分设，教育学系遂以成立，及今才周晬耳。系中分普通、心理、行政三组。民十九春，又附设师范专科。本年度计有学程十四，教授九，学生四十。
>
> （摘自一九三〇年复旦毕业生纪念刊）

章益特别注重培养师资队伍，他担任教育系主任后制定的目

复旦大学教育学系参观宝山师范。右三为章益

标是：培养普通师资，造就教育行政人员和专门研究人才。

在课程方面，在全校共同课程之外规定本系必修及选修学程。此外，还规定辅系办法，使专攻教育者于普通学科方面，亦有所特长，作为将来担任教师时教材方面的准备。同时取得义务小学之同意，本系同学升入高年级时，得往该小学实习教学，于是本系组织，才算粗粗就绪。

当年冬天来临，许多大学生因家庭经济困难，要求学习年限缩短，提早结束学业。章益遵照民国教育部命令，向校务会议提请设立两年的师范专修科，这样既适合困难学生的需要，又可以造就初中师资队伍。建议得到教育部批复，章益当即着手开办工作。师范专修科附属于教育系，开办后受到困难学生们的欢迎。

在教育系开设两年制的师范专修科，章益花费了不少心血，但师范专修科只办了五年半。

直至去岁，教部对于本校组织认为分系太繁，嘱加裁减，师范专修科亦在被裁之列，只得分期结束。

（摘自《三十年的复旦》）

章益感到可惜。作为教育系主任，他事必躬亲不知疲倦。1929年9月至1932年2月，他还兼任上海劳动大学教育学系系主任。在此期间，他还参与中华心理学会筹备会和中国心理卫生协会成立大会。他认真做好自己的本职工作，力争做得完美，不辜负李登辉校长的信任。

精力充沛、聪敏能干的章益，工作写作两不误，他利用课余和假期撰写论文论著，同时还做一些翻译工作，在校内外学术刊物上发表。夏天的上海热浪滚滚，夜晚也是暑热难当。徐汇村章益的家里，穿着白背心的他坐在二楼的书房里伏案写作，即便有铜圈电扇的风吹着，他的后背还是汗湿了。夫人李伊迪不时给他递一缸凉开水。

1931 年，他在《上海教育季刊》发表《分析教学上的功用》①，提出分析方法用于教学是晚近的事，教师只知批改作业与惩处而不去深究原因。他反对那种不问究竟只对学生进行处罚的做法，认为“现代的教学，不仅要评定学生成绩的优劣，而且要追究成绩优劣的原因；不仅要考查学生学习的成果，而且要研究学生学习的过程”。

他认为分析的第一步，是分析学生的体格和心理。在体格方面，他表示贫血、近视、内分泌失调等问题都会影响学生的发展，教师应该注意这些问题。在心理方面，他提出智力是第一方面，情绪是第二方面；认为分析教学要细到一道计算题的每一个环节和阅读的每一步，教师要有充分的学识与眼光，能从儿童细微的行为中推定其为某种原因的表现。

年富力强的章益，每天需要处理各种事务，参加各种社会活动。1931 年 2 月 1 日，复旦大学实验中学、复旦附中等十余个团体，在北四川路鸿德堂举办李登辉夫人汤佩琳女士的追悼会，章

① 《上海教育季刊》1931 年第 1 期，第 25~33 页。

益含泪致悼词，肯定了师母汤佩琳女士对于慈善教育事业的贡献。3月8日，上海妇女界在复旦大学礼堂举办纪念世界妇女运动集会。他发表演说，希望妇女界继续为妇女解放运动努力。

1931年“九一八”事变爆发后，全国各地迅速掀起抗日救国浪潮。章益等上海市公私立大学教授联名致电，要求国民党政府出兵抗日。章益、谢六逸、金通尹、余楠秋、王造时等数十位上海公私立大学教授开会，邀请各大学教授们交换对时局的意见。教授们慷慨激昂，各抒己见。李校长号召全校师生起来抗日。他一面在校内组织义勇军进行军事训练，培养抗日军事力量；一面派章益、孙寒冰、余楠秋、吴颂皋四位教授带领800名学生，坐火车赴南京向国民党政府请愿。复旦师生请愿团到达南京后，汇合金陵大学、中央大学学生，冲进外交部，责问外交部长王正廷，王正廷支支吾吾，左右搪塞，被气愤的学生殴打，狼狈地跳窗逃脱。9月29日，蒋介石不得不出来接见学生代表。学生们抗议国民党政府的“不抵抗主义”，要求政府下令全国军队驱逐日寇出境。

12月12日，上海各大学教授抗日救国会于威海卫路中社召开记者会，章益受抗日救国会委托发表讲话，说明该会对时局所持态度，他在讲话中指出，国民政府应当武力抵抗侵占东北的日军，他严厉批评国民党政府“不廉洁、无方针、无能力”，失去了民众的信任。

“九一八”事变后，日本为迫使国民党政府屈服，于1932年1月28日晚，突然向驻扎在上海闸北的国民党第十九路军发起攻击，十九路军在军长蔡廷锴、总指挥蒋光鼐的率领下，奋起抵抗。“一·二八”事变后，上海各大学教授抗日救国会召开第一次会员大会，选举章益等11人为理事，通过反对内战宣言、否认上海停战协定、争取英国庚子赔款、恢复上海大学教育、发起上海市民公祭阵亡将士、起草全国教育救亡方针等方案。

国难当头，章益等复旦教授们背负着教育救国的使命。淞沪抗战中复旦校舍被炮火损毁了，许多大中学生失学，上海青年会大学和复旦实验中学开设了补习学校，青年会大学校址在法租界八仙桥，复旦实验中学校址设在杭州。章益在青年会大学补习学校教授教育学，受到学生们的欢迎。

在繁忙的教学和行政工作之余，他坚持学术研究。1932年，章益与复旦附中高中部教员潘硌基合译了美国华震《行为主义的幼稚教育》[①]，在导言中写道："……我相信，心理上的调适，其必要性，与生理上的调适同等重要。以今日情形来看，前者当更为重要。生理上的养护，方法虽不同，尽可以养成健康儿童。儿童偶因饮食不良或发生疾病而阻害了他们的生长，但只要有了适当的调护，数日内一般即可恢复他们身体的重量和体力。至于儿童的品格，可以在几天之内，为不良的教育所毁伤，且一旦毁伤，谁能够说这种损失是可以轻易补救？……现在世界上有成千成万的人没有健全的人格，就是因为自幼就受了不良的教养，遗累终生，以至于没有机会享受快乐的生活……如果本书能够帮助认真的母亲们解决怎样养育良好儿童的问题，它的目的，可以说就完全达到了。"

译者前言中指出：教育者对儿童的教育，当然要尊重儿童先天的本能，但对这些笼统得很的"先天本能"还要进行分析，不

① 上海黎明书局，1932年出版。

能采取“到此为止”的态度。“胆大妄为的行为主义者，偏偏不顾禁条，开进了不准通行的区域……把所谓‘先天具有的组织’，打退了数百里，扩张了后天训练的领域。于是教育者的责任立见增加。原先可以推诿到遗传、精子、卵子身上的过失，现在却要教育者自己担负了。除非是躲懒，教育者应当欢迎这一新发现。教育和其他科学一样，其目的在控制自然。天然决定的数量愈少，人工控制的机会愈多。反对自然不如顺应自然，顺应自然不如利用自然，利用自然不如控制自然。控制自然不一定要反自然……科学研究是要不怕繁杂，是要穷根究底的。仅仅寻到一些似是而非的本能，便以为求得了个人行为的基础，当然是不彻底的……”。

1933年章益在《教育学期刊》上发表论文《教育与法律》[①]，指出，“教育与法律，向来被人们看做两件相反的事情”。他从中国历史上对教育与法律的看法，论证古代教育代表培植，是春的气象；而法律代表肃杀，是秋的气象。他认为教育和法律的关系未必如此，“两者之间，亦常有回环的作用”。法律和教育都负有指导的作用。他用西方现代法律比对中国传统的法律，运用法家思想阐述法的客观与平等。关于中国人法治精神淡薄轻视法律，他指出几条原因：一是受重德行感化、轻法治的儒家学说影响；二是中国民族的特性，受儒家思想的影响，中庸之道成为中华民族推崇的处事准则，故而反对争讼；三是历史原因。中国历史上很多执法官吏徇私枉法造成了百姓厌恶法律；四是利害的观

① 《教育学》期刊1933年第1卷第2期，第1~11页。

念。执法官吏为了给自己犯法留下退路，执法时“得饶人处且饶人”。他主张法治应当从整个社会抓起，“所以要政府守法，必须有维护法治的舆论。维护法治的舆论，又必发自笃信法治的人民。故培养人民的法治精神，乃为根本之道”。

由此他推导出，为了培养人民的法治精神，必须重视教育在其中的作用。法治由法律内容和法治精神两者构成。两者缺一不可。“怎样是合理的法律内容？就是要与社会的变迁紧密相关”。对于怎样提倡法治精神，章益强调在理智方面要借助教育的力量打破学生歧视法律的成见。他比对中美两国学生对于遵守一条不合理法律行为的看法，美国学生大多对此表示赞同，而中国学生大多谴责这一行为。章益指出，这不能认为是中国学生更为理性，而是中国学生漠视法治的心理在作怪；在情感方面，他认为要发挥法治固有的热情，法治并不是无感情的。“培植法治精神，在青年时期，是一个重要关键”，“应用科学教育，以破其模棱两可的习性，养成彻究是非的倾向”。

1933年，章益和蔡元培、陶行知、李公朴、章乃器、陈望道等100多位学术界著名人士，发起马克思逝世五十周年纪念会，预备出版数十万字的纪念册。学者们呼吁，学界应秉持研究自由、思想自由的原则，打破意识形态壁垒，基于纯正的学术研究立场，纪念伟大的思想家马克思。

又一届复旦学生毕业了，在全体毕业生参加的联欢会上，多才多艺的章益表演了他擅长的节目“大鼓词”，受到全场师生们的喝彩。

11月26日，中国教育会上海分会在八仙桥召开，作为会议主席，章益主持并作了相关报告。大会围绕生产教育问题、生产教育的意义、生产教育的形式以及生产教育的推行等，进行了热烈的讨论。

作为一位文教工作者，章益对中西文化的态度，类似于鲁迅的“拿来主义”。

1934 年，为唤起学生的爱国思想和促进民族复兴运动，中国文化建设协会上海分会邀请章益等专家学者，分赴上海二十多所大学和中学，发表关于民族复兴的演讲。这篇演讲的主要内容，与 1934 年他发表在《江苏教育》上的《民族复兴与教育上应采之方法》[①] 相同。文章开篇即指出，“国难日深，民族危亡，迫在眉睫；忧时之士，倡言救亡，端在教育”。在他看来，国际历史上虽然有通过教育兴国的案例可循，但是时过境迁，未必适用于中国。

他说：“我们必须搞清楚两个问题：民族复兴的意义为何？教育应采用的方法为何？”而“不能仅艳羡他民族之成果而依样画葫芦也”。他论证，近人所提倡的民族教育大多以“报仇雪耻”为目的，希望通过教育使中国跻身帝国主义列强行列。对于这样的教育思想，章益并不支持，他说，“应该提倡的民族主义是促进世界大同，而不是‘国家主义’，故民族主义的教育，应以自救救人为基点，不应以报复为目的，亦即是‘爱’的教育，而非‘仇’的教育”。

“爱”一直是他教育思想中的重要内容。他提出了教育应采用的方法，希望将教育和实际生活结合起来。文章最后讨论了军事训练在民族解放运动的教育中的地位，他认可军训的作用，但

① 《江苏教育（苏州）》1934 年第 3 卷第 1~2 期，第 35~37 页。

他主张将纪律训练化入民众日常中。他同时告诫人们，不能盲目相信“教育万能说”，“若政治经济一如故轨，不加整顿，则教育独具之力量，亦微乎其微矣”。他这种观点在今天看来仍有现实意义。

第五节　江湾岁月

江湾校区位于翔殷西路旁（今邯郸路）。翔殷路上一片荒凉，路对面是一片荒野和农田。因交通不便，复旦大门“虽设而常关”，师生大都从后门出入，因为后门处为交通要道，各种各样的店铺都有。晚饭后如果天还没黑，大学生们三三两两在翔殷路上散步，畅谈时事，抨击时弊；或谈论古今中外兴亡成败之道；谈国家各项重大建设，谈建立现代化陆海空军的重要；互相探讨如何确保边疆，使外敌不敢入侵……

长长的翔殷路两旁长满了树木，春天满眼葱绿，生机勃勃，秋天无数的落叶凋零在路上，清洁工好不容易才清扫干净，可一阵风吹来，落叶又被吹得一片片在翔殷路上空飞舞。冬季路两旁的树木枯萎，路旁的农田一片萧条。

章益喜爱翔殷路春天的盎然诗意，但他更喜爱秋季的天高云淡，秋风习习，秋天使人心静，利于思索。复旦教授们的生活区不在校园里，而在学校门前马路的对面，从土路走进去。章益家住在徐汇村一处两层小楼里，有个小院。进门便是客厅，楼梯在小厨房和客厅之间。沿楼梯上二楼，章益和夫人李伊迪住在二楼朝南的房间里，他们的一楼便是客厅，平时用来招待客人，孙寒冰、温崇信、金通尹等一些教授们经常出出进进，在一起谈论教务、国事和其他事宜。

1929—1937年是章益治学的黄金时期，日月轮转、春去秋来，他的学术之树硕果累累。先后发表了大量的心理学和教育学论文、译作、实验报告和科普讲稿等。在心理学研究方面，他的研究主要集中在普通心理学、教育心理学、实验心理学和心理学史这几个方面。他在留美期间便开始发表学术论文。1929年他发表了《社会心理学在社会科学中的地位》《心理测验之应用》《读法心理的研究》等论文及译作《二十五年来之心理学》，介绍国外先进心理学前沿理论及自己的心理学研究成果。

章益的教育思想逐渐成熟，教育学理论基本成型，并开始与中国的具体实践相结合，呈现出鲜明的特色。平时教学和行政工作繁忙，章益的写作和翻译都是在课余或假期中动笔。他谨记复旦校训“博学而笃志，切问而近思”，谨记“学而不思则罔，思而不学则殆”的名言，他对王夫之的解读印象很深：“学非有碍于思，而学愈博则思愈远；思正有功于学，而思之困则学必勤。”他认为自己未能做到“博”“远”“勤”，但他在“思”与“学”方面做得很好。

章益勤学独思，不肯食人唾余。他的“思”与“学”结出硕果，发表了多篇论文：《中国教育现状鸟瞰》《大学教育》《教育与社会》《教育与文化》《教育与法律》《普通教育与职业教育》《高级中学课程标准检讨举隅》《中国的教育思想及其制度》《中国新教育理论建设刍议》《上海市的教育》等。

章益的教育理论文章对于当时的现实具有针对性。1930年，他在《教育与国家》[1]一文中，探讨了教育与国家的关系、国家对于教育的权利和责任、教育的内质和外形等基本问题。章益主张国家有责任兴办教育，但不应硬性规定教育目的或限制其内容："外形"可由国家管，"内质"不应由国家管。他具体说明了教材教法等属于"内质"方面的内容不宜由国家专管的原因。

在学术研究上，章益能做到独立思考，具有批判精神。1930年，他发表在《国立大学联合会季刊》上的《中国教育现况鸟瞰》[2]，考察了中国教育形式上的进展，即学制、教育宗旨和教育行政机构自晚清至民国初年以来的发展。关于时下教育事业的规划，他指出了几项重要规划：一为实施义务教育，但是需要解决如何培养师资、如何建设教室、如何筹措经费三项问题；二为实施成年补习教育，主要目标是使受教育者能识字、能读书、能看报、能运用"四权"（选举、罢免、创制、复决）；三为师资训练。这对于完成整个教育目标相当紧要。

该文的主要内容，是对当时中国教育状况的批评与反省。章益认为，要了解事业的成绩如何，应当着眼于两个要点："一是施行教育以后，社会所受的影响；二是教育实施时，本身的状况。"然而，中国教育的状况是非常不让人满意的，"一般舆论，对于教育的不满，可说是很普遍的"。当时学风败坏已经成了常态，而教育界弊病的原因，章益归结为下列两点：

一、不适合当时的社会情形。"因此他非但不能适合社会的

---

① 《教育杂志》1930年第22卷第11号，第11~19页。

② 《国立大学联合会季刊》1930年第1卷第2期，第1~36页。

要求，反成了一个制造妨碍社会进展、增加社会负累的社会分子的场合。”中国当时的教育现状，“非必父兄者不愿其子弟入学，实为经济能力所限也”。当时中国是个以农村人口为主体的国家，不应当照搬工业化、城市化国家的教育，当时的教育只能造就一些“高等游民”。章益指出，当时中国人生活中最大的缺陷有两点：一是没有热情的生活，二是没有团结的精神。而教育在这两方面都没有发挥它应该发挥的作用。章益认为，教员没有负起应尽的责任，而是专注于互相倾轧、发展党派，也是重要的原因。

二、没脱离旧教育的贻害。他指出，在中国古代，“教育的目的，在造就统治人才”。新式教育是换汤不换药，骨子里依然是以做官为教育目的，“自古以来，中国的教育，都未能普及于民众”。章益引用孟禄对中国教育的观察，结合中国帝制时代教育历史和教育杂志的评论，指出，中国历来的教育都是一种灌输式教育，并非是为了发展个人思想，而是为了压迫个性。

要解决教育上的种种问题，章益提出了最重要的两点：第一点是，“一个适合国情和时代精神的一贯的教育哲学”。要实现这一点，他认为必须寄希望于从事教育工作的人“大家多做些观察和思索的工夫，将各人心得积累起来，然后再让一二个眼光高超心思精细的人，综其大成，蔚为系统”；第二，则是要有“私人或团体关于教育实验的自由”。他认为，这一希望与国家对于教育的权力和责任并不矛盾，而是要在标准之下给予教育机关应有的自由。“刻板划一，在号称地大物博的中国，非但不该有，而且不能有。”无论是为减轻国家财政负担，还是为振兴教育大计，都应当鼓励私人办教育。

三十出头的章益精力充沛，忙碌了一天的他回到徐汇村的家里，晚饭后稍事休息又伏案写作，不知不觉到了子夜。妻子早已入睡，窗外月明星稀，万籁俱寂，章益甚至能听到自己笔下刷刷的声音……论文终于完成了，他站在窗前望着夜空，听着屋外的一声声虫鸣，让兴奋的思绪冷静下来，才上床睡觉。

章益具有独立治学精神，敢于质疑学术权威的观点。他在1933年发表的《教育与社会》论文中，不赞成美国著名教育家杜威的“学校即社会”的说法。他主张面对现实，不让社会的不良影响侵入学校，相反，应使学校教育起到改革社会的作用。

在《教育与文化》一文中，章益强调文化具有不断发展的特点，教育的作用不只为了继承文化，适应文化，还应承担文化继续向前发展的任务，尤其不要使学生思想定型化。在《普通教育与职业教育》一文中，他初步提到教育与生产相结合的思想。他在《中国中等教育应负之使命》[①]中，提出中等教育不只有培养学生升学的任务，还应面对地方，为所在地方造就各项建设人才。他在文中提到，中国的教育制度“从来都是以模仿抄袭擅长”，而中等教育暴露出来的问题最严重。

章益横向比较了法国、德国和英国的中等教育制度，指出“双轨制”的弊端，不适合当时半殖民地的中国国情。而摆脱了欧洲的“精神修养”、以“工业效率”为宗旨的美国，其中等教育制度也不适合当时的中国。

章益认为，中国没摆脱封建教育的影响，盲目模仿外国的教

① 《教育研究（上海）》1933年第1卷第2期。

育宗旨，导致中国的中等教育模式经常更改，制度的变更没有理论基础。把中等教育职业化、生产化，比起之前已是一种进步了。但当时中学生人数达到了大学生的12倍，章益指出，在这样的社会条件下，以升学为目的的中等教育不可取。中等教育应负之使命，就是“能使中学生于中学时代，常向外看向下看，那么中等教育庶几才可满足社会的要求”。而当时大多数大学生出生高贵，并不了解民众疾苦。

章益有救国救亡、关心底层和民权主义的教育思想，他认为，短时期内提高全民的教育水平是不可能的，当务之急应该是培养较少数的民众领袖，“真正的民众领袖是站在民众中间的而不是站在民众之上的”。

他心中的民众领袖形象，必然是一个效率很高的生产者；必须对于政治经济社会有相当的知识根基；对于地方公共事务有参与的习惯和能力；对乡土有浓厚的感情；以自身行动为大众做表率；必须习惯于勤劳朴素的生活。

接着，他在上海《教育研究》第3期发表《中国中等教育的使命》演讲稿，强调中等教育的独特性：“大学教育各国相同的多，而中等教育，则随环境而异，其中虽有同点，但亦应有特点。中国中等教育自昔至今，其宗旨大概为实施普通教育附带职业准备。”他介绍了欧洲主要国家中等教育的目的，认为欧洲重领袖人才和学术优良之辈，美洲则重个性。他指出，中国教育受美国影响较深的原因，是因为历来中国研究教育者多数是留美学生。虽然他也是留美学生，却特别强调应当注意美国教育是否合中国。

章益从教育统计和社会需要两方面说明中国中等教育应负有

什么样的使命和目的。最后，他又谈到中国社会的需要，他认为，“中国国民，还是同从前一样，何曾有过革命？何曾得到解放？”他认为大学生做民众领袖并不合适，大学生离开民众太远，不配做民众领袖，中学生成了最佳人选。他得出结论：“中国现在的中等教育目的，在养成领袖人才”。在他看来，真正的领袖应当具有两个条件：一是“须受过职业训练，能从事生产，而不是游闲分子”；二是“须养成刻苦耐劳的精神，身体健全，勇于任事”。这样的领袖，才是真正的领袖。

章益的治学精神、独立思考和探索精神，由此可见一斑。他在《自传》中总结：“这些都是摸索和尝试，在当时说来是没有沿袭前人的窠臼，但教育理论是与时代精神相适应的，时过境迁，那些见解就不过是一些明日黄花罢了。”

担任复旦教育系主任期间，章益像一台开足了马力的机器，超负荷运转。

1935 年 1 月 10 日，在上海湿冷的冬日里，章益等十位教授发布了“十教授宣言”，在国内引发了一场关于中国文化的热烈讨论。章益与孙寒冰、陶希圣、樊仲云、王新命、何炳松、武堉干、黄文山、陈高佣、萨孟武 十位教授联名在《文化建设》月刊上发表《中国本位的文化建设宣言》，强调要加强“中国本位的文化建设”，对西洋文化要“吸收其所当吸收，而不应以全盘承认的态度，连渣滓都吸收过来”，反对“全盘西化”的主张。

该宣言引起一些人的非难，批评十教授为“御用文人”，因为《文化建设》乃是由陈立夫兄弟的“中国文化建设协会”主办。1934 年初，蒋介石发起“新生活运动”，号召国民以中国传统的价值信念为“新生活”的法式，并组织部分青年进行读经、习礼、祀孔等活动。

章益应光华大学邀请，以“中学为体西学为用对吗”为题发表演讲，阐释中国本位文化的意义。他的观点是，中体西用只是混合而不是化合。我们“必须兼采中国克己的精神与西洋之科学，方能创造中国的新文化”。

关于中国本位文化建设问题，中国文化建设协会浙江分会在浙江图书馆举行座谈会。参会人员有总会理事长陈立夫、常务理事张道藩和理事程天放等，发表“十教授宣言”的章益、孙寒冰等也赴杭州参会。会议讨论了中国本位文化的概念以及如何建设中国本位文化、传统文化哪些应保存发扬哪些应抛弃改变、西洋文化哪些应吸收哪些应拒绝、怎样使中国青年认识传统文化等问题。

1935年4月，章益在《教育杂志》上发表《读书的态度问题》[①]一文，对青年学生读书的态度发表自己的观点：“读书需要一种技术，尤其需要一种适当的态度。”他认为读书有两种态度：随意的态度与认真的态度。如果读书是为了消遣为了点缀那就抱着随意的态度。“只有专为增进能力而读书，这才是认真的态度。认真读书，依然可以分为三种不同的态度，其中一种是对于作者完全信奉的态度。抱着这样的态度去读书，难免陷入盲从之弊。”章益不赞同这种态度，认为这样的态度将使得读者目光狭窄，无法接受新的思想理论。相反，在读书前抱着批判一切和打倒一切的态度去读书，这种态度同样是错误的。那么什么才是正确的读书

① 《出版周刊》1935年第124号，第16~17页。

1935 年夏，李登辉校长、教育系主任章益和毕业学生合影

态度呢？他认为应该是一种“合理的批判态度”，在读书之前，必须有一个中心的题目，“合理的读书，是有目的、有立场的读书”。

1935 年 5 月，在《教育杂志》面向全国专家征集关于读经问题意见时，章益发表看法，“我是相对地赞成读经的”。他给出的理由主要有二：第一，不读经无法认识中国思想的根源；第二，经书中的许多理论并不与现代价值相违背。不过他也指出了读经中我们应该注意的几个事项：第一需要批判地读；第二需要选择地读；第三则要经、子并重地读；第四，高中以上程度学生才能深读经书。

同年，章益在《文化建设》第一卷第 9 期发表《中国新教育理论建设刍议》[①]，这是他围绕中国新教育理论建设所写的教育学

① 《文化建设》1935 年第 1 卷第 9 期，第 7~22 页。

专业性文章。他首先指出，“今日中国教育理论之建设，一面应适合目前之急需，一面尤须开新生活新文化之出路。”他回顾了过去种种错误的教育思潮和“于事无补”的民本主义、实验主义思潮，指出今后需要一种“标本兼顾，论断折中”的教育理论。

章益分析指出了当时中国教育的十大弊端。在他看来，“西方的教育理论与实施，自身原已含有许多缺陷”，照搬到中国更显不当。

接着，章益又对中国传统旧道德不适应现代社会的原因予以分析，指出中国当前问题的核心是“中华民族的生存问题”，因此教育的责任就是丰富中国的物质生活，推进物质和精神文明的协调发展，这是民族自由和个人自由的共同保证。“在这逐步前进的程途上，需要极大的动力，教育必须负起推进这动力的责任”。他强调：“中国教育之改造，必以培养精神的力与物质的力为中心。”关于培养精神的力，他从心理学的角度进行分析，把意志的高度自主称为“诚”，要让一切教育设施都成为“诚”的体现。除了培养精神的力，也要培养物质的力。

他提出要用教育来挽救旧道德、发挥新道德。最后，又提出了推行教育政策的四点建议：一、教育的范围应该推广；二、教育的形式资格应该减少；三、教育统制中应该保留弹性；四、强迫推行教育中应该保存温和。

第三章 ‖ 辗转西迁　战时操劳

第一节　李校长离职

1935年9月18日上午，复旦大学英文教授伍蠡甫正在上课，忽然，操场上传来悲壮的哀乐，纪念这个“国耻日”。全校师生闻声肃立，在教室里默默致哀。哀乐停止，伍教授摆摆手，像法国作家都德《最后一课》中的那位法文老师，不上课了。他还没走出课室，有位来自海南的男生放声大哭，坐在前排的几位女生也一起哭起来。

来自福建喜欢踢足球的男生谢永祥，跳上讲台，大声说：“同学们，不要哭！我们要以行动来收复失地，以血泪来洗掉国耻……”正说话间，李登辉校长和章益走进课堂，学生们全体起立致敬。

“这位同学讲的话很有道理，”李校长用生硬的国语说：“大家不要哭，应牢牢记住用功念书，我相信失去的东北，可以在你们手中收回。”

不久，谢永祥离开学校去了笕桥，成为一名空军飞行员，壮烈殉国。[①]

“九一八事变”后，日军占领了东北，接着又将侵略的魔掌伸向华北。1935年下半年日寇发动了华北事变，进一步控制察哈尔，并指使汉奸殷汝耕在冀东成立傀儡政权。1935年12月9日，北平爱国学生6000多人高呼“停止内战，一致对外”等口号，举行了声势浩大的抗日救国示威游行。12月16日，北平学生和数万名各界群众再次举行了示威游行，迫使冀察政务委员会延期成立。

杭州、广州、武汉、天津、南京、上海等地，相继举行大规模游行示威。“一二·九”学生运动后，复旦师生们群情激愤，12月23日，800多名学生组成的“赴京请愿讨逆团”，在上海北火车站被军警拦住，坚持一天一夜不离去。

蒋介石打电报给李登辉校长，要他去劝阻学生不要去南京[②]：

> 上海北站两路管理局，转复旦大学李校长，转诸位同学鉴：顷接吴市长电，藉悉诸君爱国表示出自至诚，中正深为感动。君等意见，中正亦可接受，切盼迅即复校，以释忧念，国难诚极严重，然中正必以爱国青年之心为心，负责匡救，以慰诸君。蒋中正，梗戌印。

先前李登辉校长已派章益、金通尹等来火车站劝学生回去，但没有一个学生肯走。现在他接到蒋介石的电报，只好亲自来到火

① 见赵世洵《一位伟大的教育家——记复旦大学校长李登辉博士》。

② 《复旦大学志》（1905—1949），复旦大学出版社1985年5月第1版，第267页。

车站。学生们都知道李校长是被迫前来的，都知道李校长的态度和他们一样，于是高喊口号："拥护李老校长！""请李老校长回家休息！"学生们虽然爱戴李校长，但坚持要去南京请愿，要求国民党政府抗日救国。李校长见学生们态度坚决，便给蒋介石回电表示无能为力，同时向校董会辞职。

当时，复旦大学已成为上海反日救国学生运动的中心，李登辉校长始终支持爱国学生们，因此国民党政府对他表示严重不满。接下来发生的"三二五"事件，64 岁的李登辉校长，险些在复旦校园内被警察殴打。

3 月 25 日凌晨，夜风冷飕飕的，稀疏的寒星眨着诡异的眼睛。上海市政府当局出动 600 名军警，包围了复旦大学，并从校外宿舍逮捕了 7 名复旦学生救国会干部和学生。他们又派了一名女警探，潜入女生宿舍抓人，被机警的学生发现，女生们群起而上，这名女特务被抓住。当天下午，全校学生正召开大会商讨对策时，大批军警借口搜查反动分子，闯进校园里抓学生，学生们奋起用砖头、石块与军警搏斗，20 多名学生被打伤。校务委员会秘书长金通尹、文学院院长余楠秋也被军警毒打。

李登辉校长听到一片混乱声，忙去制止施暴的军警。李校长勃然大怒，对打人的警察说："为何要抓他们？因为他们要抗日？我就是抗日分子，你们要抓，就先抓我吧！"军警要动手打李校长，愤怒的学生们和军警们对抗，军警们不得不退出校园，和学生队伍隔着篱笆对峙。军警们为示威胡乱开枪，有个军警在混乱中被打死了，军警反诬复旦学生中有"共党分子"窝藏枪支，开枪打死警察，并以此为借口，强行进校抓捕了学生救国会干部郑通鹭等7人。

事件发生后，李登辉校长当即派法学系教授张志让、外文系教授余楠秋，到南京教育部报告事件真相。上海救国联合会领袖沈钧儒律师，自愿为复旦学生们辩诬，查明子弹是从死者的背部进入，从胸前出来，是警察自伤，和学生们无关。李校长对天津《益世报》记者发表谈话："救国当然为大家之事，政府要救国，人民亦自然要救国"，"政府对救国运动应表同情"。他说，复旦学生"救国会与学校当局完全合作"，公开反对警察逮捕爱国学生。当时一些报纸也发表评论，指责政府诬陷、迫害爱国学生们。李登辉还要求校董会开会，由孙科、杜月笙、钱新之等校董们出面，一起去责问上海市长吴铁城。吴市长只得指令发布新闻，宣布这名警察被复旦学生枪杀是污蔑，并承诺以后决不派军警进复旦校园搜查。在社会各界的反对和抗议下，当局不得不释放被捕的学生们。

在"三二五"事件中，国民党政府没能压服复旦爱国师生，驻沪日本领事急不可待要上海市政府封闭复旦。国民党政府清楚，复旦大学师生的爱国运动，与李校长的支持有关，于是向复旦大学施压，逼迫李登辉辞职并改组复旦。

8月20日，李登辉向校董事会提请辞职。校董会多数人认为李登辉在复旦三十年，建校有功，不同意他辞职，允许他请假一年，由董事长钱新之兼代校长，原复旦学生、教育学博士吴南轩任副校长，主持复旦日常工作。李登辉离开学校，力推弟子章益担任复旦教务长，1936年8月27日，校务会议决定更改本校行政系统，36岁的章益被任命为复旦大学教务长。

1936年10月17日，心情抑郁的李登辉离开上海出游散心。李登辉离校后，国民党政府为笼络他，任命他为立法院委员，寄给他600元月薪，李登辉拒不接受，将这份月薪退回。他坐江轮沿江而上，经过南京、武汉到达重庆又折往成都，他所到之处，受到复旦毕业生的热情款待。

沿途秀丽的山水和人文景观，让李登辉暂时忘却了心中的烦恼。面对翻卷着浪花的长江和苍翠的远山，他陷入回忆中。在复旦任校长的23年中，他感到得意和骄傲的是，培养出许多德才兼备的弟子。章益是他的得意门生之一，这个门生他没看走眼，聪敏能干，懂得感恩，尊他敬他如慈父一般。

他记得在1924年春，复旦校园里有人传言，说他做财务员的夫人汤佩琳账目不清。他清楚自己受到了排挤：副校长想取代他。他气愤地请了一年长假，携汤佩琳回南洋老家，让人仔细查账，查明真相。他清楚妻子和自己都是清白的，与妻子共事的季英伯先生和何葆仁博士可以作证。他临走前，过去的弟子和友人因不明真相，除章益外没有一个人送他。李登辉记忆犹新，章益含着眼泪来到码头，和他依依话别，挥手相送，他和夫人汤佩琳感动极了。

作为教师和校长，他对所有学生一视同仁，平等对待。但不可否认，他对少数学生特别器重，怀有特殊的感情。章益就是这样的学生，与他和汤佩琳感情融洽。章益是他家的常客，汤佩琳也像他一样喜爱章益，十分信任他，很多事都交给他办。然而天不假年，猩红热一连夺去他四个孩子的生命，接着45岁的爱妻也英年早逝……

中年丧妻损子，这是人生之大不幸，他悲痛欲绝……若不是有基督大爱的支持，若不是有挚友梅立德夫妇和欧阳夫人的温情关爱，他简直难以活下去。

他一年多没回家，分别在梅家和欧阳太太家里寄居。夜深人静，他面对卧室床前汤佩琳的小照，陷入痛苦的回忆中，泪水涟涟，手帕总是湿漉漉的。他感谢复旦，建造了佩琳疗养院，墙上挂有爱妻的大照。为纪念爱妻，每餐时他都让仆人准备两副刀叉器皿，成对成双地放在餐桌上。爱妻生前之遗物，一衣一巾都替她保存得完好，仿佛她仍活在人世。夏天阳光强时，他把爱妻的皮衣一件件取出来晒，睹物思人，他又伤心一场。

天色已明，一夜未眠的李登辉走出船舱，来到甲板上，让凉爽的秋风吹拂着他的额头，一缕缕思绪随风而来。他回想起一些志同道合的同事，眼前浮现出浙江杭州人叶仲裕。1905 年马相伯创立复旦公学时，叶仲裕担任学长。初创时经费拮据，叶仲裕冒着炎热到外地募集资金，使学校得以维持。1907 年清政府出卖铁路修筑权给英国，激起国内工商界和学界的强烈抗议。1909 年，叶仲裕积极参加浙江保路运动。他痛恨清政府的腐败掣肘，忧思成疾，病没痊愈，他从上海去郑州探亲途经长江时投江自尽，年仅 29 岁。

李登辉站在江轮的甲板上浮想联翩，忧国、忧复旦……

第二节　就任教务长

教务长的地位仅次于校长，是协助校长领导全校教学工作的参谋与助手。教务长的工作很繁琐，喜欢做学问的章益不得不把主要精力投入工作中，只能挤出时间进行关于民族危机的理论研究。他在担任教务长前，就着手于国难教育的研究工作。1936 年 5 月他在《教育杂志》第 26 卷第 5 号发表《精神训练之基础》。当时国民政府教育部起草非常时期教育方案，提出教育应当包括三项训练：精神训练、体格训练和知识训练。他以教育心理学理论对精神训练问题进行探究，指出为避免“造成一批一批喊口号贴标语的志士”，“必须以实际行动来训练它，要培养勇敢的精神，应该以练习做勇敢的活动入手”。同时，他还主张要在社会各方面、心理过程各方面和教育过程各方面，求得相互配合，进行品德教育。

此前，他还翻译了《德国教育新趋势》，介绍德国取消了个人主义教育而代之以集体主义教育的新教育制度，说明德国这样的教学，是威胁和平的一种重大危机。

当前国难教育已成为朝野共识。章益就国难教育的意义、目的、对象等基本问题，给起草《国难教育方案》的专家写了《国难教育的几个基本问题》一文①，在文中他首先肯定了学生的罢课游行是爱国运动。随后就三个方面的问题进行了探讨。

一、国难时期教育与和平时期教育的差别。他指出：中国教育长期以来都没有承担起救国的任务，“所以歌舞升平的平时教育，固然耽误了时机；怒发冲冠的军备教育，亦不见得能够挽救国难。”因此，进行国难教育是“在本质上把平时教育做一番彻底改造，使它更适合于中国一百年来逐渐加紧的危机的需要而成为合理化”。

二、什么是国难教育的目标？章益说：“比较切乎实际的目

① 《江苏教育（苏州）》1936 年第 5 卷第 1~2 期，第 7~12 页。

标，不是把人人造成军人，而是把人人造成挽救国难的战士。”他指出：“培养全国人民成为御侮的战士，就是训练他们无论在公私生活的任何方面，都不做消耗国力的举动，而积极地参加增厚国力的工作。”而战士应该具备每一个国人都应该有的强健的体格、健全的精神（包括牺牲、互助、勇敢），还应该具备一部分人应具有的两种资格：救国的知识和救国的技能，这种技能主要是生产技能，“生产教育必须为国难教育里的重要成分”，“体格训练和精神训练，应该是全国人民的共同必修的课程，知识训练和技能训练，应该作为分科专修的课程”。

三、谁是国难教育的对象？他指出，国难教育是以所有的民众为对象，学校教育只是全体人民教育的一部分，“所以学校以外的国难教育，其重要性决不在学校以内的国难教育之下。”他认为学校教育和民众教育应区别对待、同时并举，因材施教地对校外民众进行教育。他分析了三类人的特点，提出了对他们进行教育的具体方法。

最后，他概括了全文观点：“我们可以说国难教育是该注重在平时的改造，可是亦有短期内提前着手的工作。国难教育是以全国人民为对象的，可是亦有分别设施的需要。至于教育的方法，势必与现在以读书为中心的教育迥不相侔，尤其是校外的国难教育，若不把教育和政治生产打成一片，是绝无效果的。”章益的这篇文章在当时颇有意义。

第三节　随迁贵阳

一个人的命运、一所大学的命运，都与所在国家的命运休戚相关。

1937年是中国历史上血雨腥风的一年，也是复旦大学800多名师生们颠沛跋涉的一年。1937年6月底，复旦大学进入暑期，但师生们也没闲着，工作仍在有条不紊地进行着——大学部在徐家汇复旦中学举办暑期学校；生物系学生前往青岛采集标本；土木工程系部分师生赴无锡新校址，进行勘探、测绘，为秋季在太湖边兴建新校舍作前期准备工作。多数复旦师生都利用暑期时间，在上海或外地进行教学、教研和课外实践活动。

1937年7月7日，卢沟桥的隆隆枪炮声打破了华北大地的平静，打破了全中国的平静。在民族危亡的时刻，上海市教育界人士成立上海教育界战时服务团，章益担任常务干事，为抗日救国奔走呼号。1937年夏，蒋介石邀请各党派、各民主团体、各界知名人士200余人，去庐山召开座谈会共商抗战大事。参加会议的有汪精卫、于右任、冯玉祥、张群等国民党要员，以及竺可桢、张伯苓、蒋梦麟、胡适、梅贻琦、马寅初、傅斯年、梁实秋等各界名流。章益应邀参加了此次会议。座谈会定于7月15日至8月15日分三期进行。章益在座谈会上发言说："教授学生不能上前线，那就准备为保护中华读书种子，任劳吃苦……"

7月16日上午，7月17日上午，蒋介石面对全体代表发布了《抗战宣言》，全民族抗日战争终于正式拉开了序幕。1937年8月13日，"八一三"淞沪抗战打响了，正在徐家汇复旦附中上课的复旦大学暑期学校被迫停办。地处江湾的复旦校园遭到日军炮火密集轰炸，图书馆半边被炸飞，简公堂教学楼被炸得只剩残砖碎瓦，西式三层楼的第一教室被夷为废墟，体育馆也被炸得不复存在，江湾复旦大学校园内仅有的两幢建筑在轰炸中幸免于难，保存下来。

战局莫测，人心惶惶。1937 年秋季在江湾校区开学已无望。国民党教育部指示复旦、大夏、大同、光华四所私立大学，效法北平、天津的做法，组成联合大学内迁，经费自筹。大同、光华两校无力筹集资金退出。复旦和大夏按教育部的要求，组成临时联合大学，定校名为复旦大夏联合大学。

遵教育部指令，联合大学分为两部，第一部以复旦大学为主体（分文理法商等学院，有 99 名教职员工，895 名学生），由原复旦副校长吴南轩负责，原大夏教务长吴泽霖担任教务长，迁往江西庐山；第二部以大夏为主体，大夏副校长欧元怀负责，复旦教务长章益担任教务长，率师生迁往贵阳。

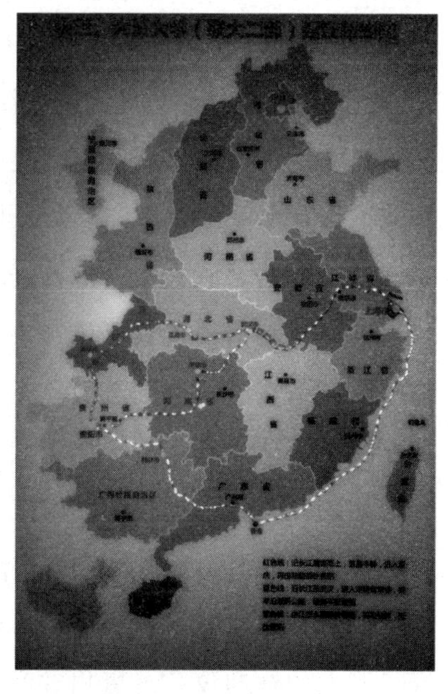

复旦、大夏大学（联大二部）西迁路线图

西迁的复旦大学部分师生，学生只占总数的三分之一，还有几百名学生由于各种原因没能前往。年老体弱的李登辉校长和部分教授滞留上海。11 月 12 日，惨烈的淞沪会战后国民党军队撤出上海，上海被日军占领，变成了“孤岛”。当时，一些公共租界仍在英、法、美等国管辖下，环境安全。

李登辉考虑到，如果复旦大学在上海停办，将来很难恢复，决定在租界恢复办学。他在复旦校友的协助下，租借公共租界中一信托大楼的四楼和五楼，作为临时教室给上海的复旦学生们开课。当时有44名教师，414名注册学生。共开90门课程，300学时。在开学大会上，李校长向新生介绍了沪校复课、学校西迁的情况，以及复旦沪、渝两校未来的发展计划……

1937年9月，校长吴南轩和师生向江西方向进发，复旦的重要档案、文件、部分贵重仪器、图书和设备，被装在10个大木箱里随行携带。联大一部经过一个月艰辛跋涉，到达江西名胜风景胜地庐山。秋季的庐山空旷宁静，山顶的牯岭镇旅馆林立，到处是私人别墅，挤满了避难的达官要人眷属及外国侨民。联大一部租普仁医院为校舍，共有房屋五六幢，足够上课和办公使用。租何金芳、严仁记旅社为教职员和学生宿舍，另租一私人公寓为女生宿舍。

与此同时，联大第二部西迁期间，教务长章益组织师生员工将教学资料与仪器器材等包装整理，分为三路跋山涉水开往目的地。第一条路沿长江溯流而上，由宜昌中转进入重庆，再由陆路前往贵阳。第二条路沿长江至武汉，进入湖南省常德，再乘车沿湘黔公路，经黄平抵贵阳；第三条路由江浙水路辗转香港再经桂林，抵达贵阳。联大二部历尽千辛万苦全数到达目的地。

欧元怀校长、章益教务长和师生们抵达贵阳后，贵州省府举行了盛大的欢迎仪式。贵州省府指定贵阳讲武堂作为校舍（现河滨公园对面黔剧团与贵州教育学院一带）。经过修葺后，学校教室、图书馆、实验室初具规模。大夏大学设五个学院及三个专修科，包括文、理、教育、商、法，及师范专修科、体育专修科、盐务专修科。联大二部准备十月份开学。

教务长章益配合欧元怀校长为师生们做服务工作，他一路操劳，异常辛苦。夜里，他躺在床上，想起在龙场悟道的明代大儒王阳明，王阳明也在他家乡滁州讲过学，讲“心即理”，讲“至善在于吾心”，讲“致良知”“知行合一”，在事上磨炼……

他只睡了几个小时天就亮了，窗外的鸟声把他吵醒，他又投身到新一天的工作中去。

第四节　私立大夏大学

1937 年 11 月 8 日，复旦大夏联大一部在庐山牯岭开学。千余人的学校安置在这样的环境里，不是长久之计。联大副校长吴南轩函告江西省教育厅长，请求在九江县莲花洞附近征地千亩，建设永久性的校舍。江西省政府主席熊世辉希望有一所现成的大学落户，很快回函同意吴南轩的要求。不料事情尚未开始，联大一部复课没到两个月，战局急转直下，日军沿沪宁线一路向西进攻，兵分三路直逼国民党首府南京。南边的芜湖已被攻占，南京告急，庐山震动，在庐山避难的达官要人眷属纷纷下山西行。副校长吴南轩焦急万分，开教职员工会议讨论，决定离开庐山沿江西上，到重庆后设法去贵阳，与在那里的联大二部合并。吴南轩电告在上海的前校长李登辉汇报情况，接着他与联大代校长钱新之、大夏校长王伯群联名致电委员长蒋中正，请政府派江轮运送联大师生。

这是摆在吴南轩面前的第一大难题，第二大难题是经费严重不足，学校本无固定基金，这时多数学生已无钱交学费，学校仅靠战时七折发放的每月一万零五百元补助费作为日常开销。学校搬到庐山后发放教职工薪水，加之购置复课及办公必须用具等，经费剩余已很少。吴南轩万分焦灼，听说校董陈立夫到达牯岭（陈立夫当时是担任军委会救助教育文化事业第六组主任），立即去陈立夫的公寓拜见他。陈立夫二话没说，当即同意拨一万元给联大一部救急。

吴南轩还请陈立夫主任向中央政府申请调拨客轮。拿到救济钱款后，吴南轩立即通知全校师生员工再次迁校——愿去四川者准备集体出发，想回家者发放路费。这时国民党军委指派的招商局快利轮已开到九江。12 月 20 日，联大一部 500 多名师生和教工眷属辞别庐山，带着一部分图书和仪器登上了快利轮，溯江向四川进发，一周后他们到达湖北宜昌。因快利轮船大入水深，无法开进三峡，他们在宜昌等候一周后，换乘卢作孚民生公司的民康轮进入三峡。

民康轮沿江而上，依次经过了西陵峡、巫峡和瞿塘峡。远离家乡随校西迁的师生们一路观赏两岸连绵起伏的山峦、青葱山顶云雾缭绕、两岸重峦叠嶂、山顶神秘的悬棺和古栈道遗址。从前在书报资料上看到的神女峡、白帝城和夔门等，被师生们一一收入眼底。清丽雄奇的西部风光和人文景观，使联大师生们暂时忘却颠沛迁徙的愁绪，然而山猿的悲鸣和江上“锁梦魂”的阴云，让联大师生们的心情又沉重起来，日寇的铁蹄践踏国土，难民如潮，家破人亡，师生们一个个沉默下来各想心思，有的思念远方的家人，有的忧虑未来的出路……

12 月 25 日，民康轮到达重庆朝天门码头，在码头上联大师生们受到 100 多名复旦校友和重庆复旦中学师生的热情欢迎，他们放鞭炮、奏军乐、唱校歌，气氛热烈。重庆复旦中学是由复旦校友会创办的，1936 年秋李登辉校长入川游览时，受到校友们的热情接待，李校长参加复旦中学成立纪念大会，留下了深远的影响。

联大一部按照离开庐山时原定计划，目的是路过重庆前往贵阳，与联大二部合并。这时联大二部来电报，说他们那里校舍局促，低洼狭小，容不下联大一部数百师生员工及教工家属前去。于是，联大一部取消了去贵阳的计划，留在了重庆开学。正巧这时复旦中学已经放寒假，联大一部便借该校菜园坝校址上课，第一学期到 2 月中旬结束，完成了学期教学任务。复旦大夏联合大学自西迁后，逐渐形成重庆联大一部即复旦大学，贵阳联大二部为大夏大学，这时已无继续联合的必要。

1938 年 2 月 25 日，复旦大夏联大在贵州桐梓举行了第三次行政会议，决定联大解体，复旦和大夏在四川和贵州两省各自独立办学。两校原来师生按其所愿，留在重庆复旦或回贵阳大夏，路费由学校支付。复旦大夏联大虽然只存在半年时间，但它是中国抗战时期第一所联合大学，其命名早于西南联大整整半年。

在此之前，一项重要的事情落到了盼望回复旦的章益身上。

1938 年 1 月，国民党政府在武汉改组，复旦校董之一陈立夫任教育部长。陈立夫不是个简单人物，他是陈果夫之弟，他们的二叔陈英士（陈其美）在辛亥革命初期与黄兴同为孙中山的左右股肱。陈立夫 1922 年毕业于北洋大学采矿专业，1925 年 9 月获匹兹堡大学硕士学位。当年回国，任黄埔陆军军官学校校长办公室机要秘书。后来他成为国民党著名人物，民国时期四大家族代表人物之一。

此时，复旦大学经济极为困窘，副校长吴南轩打电话给贵阳的章益，对他说了学校的经济状况，唯一出路是谋取教育部的津贴补助。他已向新任教育部次长余井塘推荐，让章益到教育部当主管经费的总务司长，在教育部分配私立大学补助费时，能多照顾复旦。

章益后来在自传中写道：“我在他怂恿之下，也考虑到复旦的实际困难，只得答应此举了。我原先自命为清白自由之身，从此却甘心堕入尘网，虽然自己解说是为了母校，又自以为只要为国家办事，不是附和私人，似亦无妨。”

1938 年 1 月 20 日，章益偕夫人坐火车抵达武汉，就任教育部总务司司长。

武汉离南京不远，地处江汉平原，是平汉、粤汉铁路的交会点。1937 年 11 月国民政府部分机构由南京迁至武汉，此地成为当时中国军事、政治、经济中心，具有十分重要的战略地位。1937 年 12 月 13 日日军攻陷南京后，开始研究攻占武汉的作战计划，但由于条件不成熟，暂时搁置。

总务司长章益感到遗憾，他本想坐在清静的书斋里做学问。

第五节　《四库全书》西迁

1938—1942 年，章益在教育部任职期间，在为复旦争取教育部津贴补助和复旦改为国立大学，以及文澜阁《四库全书》的内迁，做出了重要贡献。

《四库全书》，是传承中华传统文化的瑰宝。它是在乾隆皇帝的主持下，由纪晓岚等360多位高官、学者编撰，3800多人抄写，花费十三年编纂而成的丛书，分经、史、子、集四部，故名四库。它共有3500多种书，7.9万卷，3.6万册，约8亿字，基本上囊括了中国古代所有的图书，故称“全书”。乾隆皇帝命人手抄了7部《四库全书》，分别藏于全国各地。先抄好的四部分贮于紫禁城、圆明园等四处，称为“北四阁”；后抄好的三部分贮于扬州、镇江和杭州珍藏，称为“南三阁”。

抗日战争初期，日军为迫使国民政府投降，调集数十万兵力向江南地区逼近，日军战机在江、浙、沪上空袭扰，炸死炸伤了大量军民。国民党政府准备西迁重庆，时任浙江图书馆馆长陈训慈焦虑万分，他指挥毛春翔、史美诚等护书人员，从杭州文澜阁94个书橱中，将36318册阁书、善本搬出，装进228个书箱，在烽火连天、硝烟弥漫中东躲西藏，将《四库全书》搬迁移去。

1937年11月25日，装载着228个书箱的木船沿富春江驶往建德，到达桐庐七里泷，江面水流湍急，加上船又重，只有两个水手，木船无法逆流而上。焦急的陈训慈想起他读大学时的老师——时任浙江大学校长竺可桢教授，便向他请求援助。

竺可桢知道《四库全书》的分量，接到陈训慈的求援电话后，遂想方设法把《四库全书》救出险境，他派一辆大卡车装载书箱，开往七里泷，抵达建德县。

1937年12月24日，杭州一带沦陷，日寇又向萧山、富阳等

竺可桢

地进攻。陈训慈、竺可桢对《四库全书》留在建德县不放心，1938 年 1 月底，他们又把《四库全书》运送到浙闽赣三省交界的龙泉县。可龙泉县也是日寇军事目标，下一步怎么办？竺可桢向教育部部长陈立夫汇报，建议将《四库全书》移往偏僻的大西南地区。陈立夫把此事交给总务司长章益处理。章益深知此事关系重大，十分重视，他立即和竺可桢商谈。

章益联系交通部拨派车辆装运《四库全书》，又打电话联系贵州教育厅，请他们安排安全房屋、运费及运送人员旅费，先由浙江大学垫付，事后由教育部总务司照数给付。章益委派李絜非教授为押运负责人，配合毛春翔等人，坐汽车带着装有《四库全书》的 228 个书箱向贵州方向进发。不料运书车队到峡口过江山江（也称须江）时，由于天气恶劣，道路崎岖，押送人员疲惫，有一车书翻到了江水中。

李絜非急忙派虞佩岚等跑到附近的峡口村，雇村民打捞书箱。纯朴的村民们听说这书是国宝，没讲价钱，一个个冒着严寒跳到江里，在冰冷的江水中打捞，很快打捞出 11 只书箱。第二天有太阳，他们向江山县城百姓借来竹簟，赶紧在县城隍庙的天井里晒书。冬日阳光不足，受潮的书晒了两天没晒干。时间紧迫，李絜非不得不指令把湿书装进木箱，并将 228 箱《四库全书》运到江山火车站，装上火车，沿着浙赣铁路运到江西萍乡，进入湖南株洲，4月14日运到了长沙。后来经过湘北、湘西，历尽艰辛把《四库全书》运到贵阳，他们把书箱藏于西门外的张家祠堂内，后来担心离城只有二三里，又靠近火药局，怕日军飞机炸毁。不久，他们又把《四库全书》搬迁到离城十多里地的坚固的地母洞里。

杭州文澜阁《四库全书》历经磨难，自1937年至1946年，近9年间辗转6个省，往返路程达4000多公里，历尽艰难险阻，1946年7月15日，终于被运回了浙江图书馆。

附：浙江大学校长竺可桢关于西运《四库全书》事致教育部章益函

友三先生大鉴：汉滨别违，倏已弥月，比维台候，胜常为颂。径启者：昨接教部鱼电，悉库书运黔事，业已解决，殊深快慰。李絜非君已于今日起程东下，拟先约浙省图书馆馆长陈训慈先生同至永康、丽水，与浙省政府当局暨许教育厅长一洽，然后赴龙泉将该书点收运出。其路程拟先雇汽车经浦城装至江山或玉山，自由浙赣铁路与粤汉铁路运到长沙，到达长沙后，以李君从未去黔，路途不熟，拟请教部另派专员前往点收接待，完毕其未竟任务（长沙接洽地点定在教育厅）。其运费自龙泉至江山汽车费约需千元，由江山或玉山至长沙火车费约需五六百元，如由教部直接与交部接洽，运费或可全部蠲免，至少可打一折扣，请即日进行。此外李君与襄助员等往返路费暨各项杂费约需五百元，各项总计约需二千元，现已由敝校垫交李君应用，一俟日后运毕总结报部后，即希汇归。又敝校经费向较其他国立大学为少，此次一再迁移，所费已浩，目下甫抵泰和，各种布置建设所需尤巨。前

国立复旦校长章益

接浙省财厅公函，谓敝校每月补助费一万元（现以对折拨给），自本年一月份起，经省委员会议通过，停止拨发。在此敝校需款孔殷之日，影响实深，现正与该省交涉，如该省实以精华之区多沦敌手，经济困难而无可挽回时，拟具呈教部申请每月浙省协助费一万元，归由中央照拨，将来正式公文到部，甚望台端鼎力扶持，以底于成，事关敝校前途，特以附闻。又中央研究院等一月份经费闻已发出，敝校一月份经费亦希即日汇出，以应急需为荷。

此颂公安

弟竺可桢谨启

廿七年三月九日

教育部为请拨车西迁《四库全书》致交通部咨稿

咨。查浙江省立图书馆原藏四库全书为国内孤本，至为宝贵。现已运至浙江玉山，亟须经由浙赣、粤汉等路运至长沙。除饬浙江大学派员接洽妥慎押运外，相应咨请查照惠予，电令路局迅为免费拨给四十吨篷车二辆，妥为装运，并希见复为荷。

此咨交通部

教育部为代觅藏书地点致贵州省教育厅电

贵阳。贵州省教育厅：四库全书由浙经湘运黔，仰预觅坚固敞爽、四周有空地之房屋储藏，并电复。

教育部　巧汉印

章益为已请交通部拨车装运四库全书等致竺可桢函

藕舫先生大鉴：顷得惠书，藉悉兴居佳胜为慰。关于库书运黔事已由本部一面咨请交通部拨车装运，一面电饬黔教厅妥觅安全房屋，以备庋藏。运费及运送人旅费，既可由校方代垫，事后当然由部照数归垫。至于省拨校款万元，现省府停拨，拟请由国库照拨补足一事，以目下形势论，恐难办到，仍希向省府力争为便。贵校一月份经费业已照汇。知注特详。专此。

敬颂教祺

弟章敬启

三月十九日

第四章 ‖ 执掌复旦　延聘名师

第一节　教育部总务司长

章益与夫人李伊迪住在汉口，工作不到半年，日寇紧逼，战事吃紧（1938 年 6—10 月武汉会战爆发），章益和夫人随国民政府教育部转移到重庆青木关的温泉寺办公。宝峰山上的温泉寺因此而被载入近现代中国文化史册。树木葱郁的青木关，位于缙云山脉和梁滩河之间，原名为亲母关，相传因一位卿姓少年斩蟒救母，故得名亲母关。“亲母”与“青木”读音相近，亲母关又名“青木关”。

1938 年 5 月 3 日和 4 日，重庆电厂遭到日军飞机轰炸，城内外都断电了。章益一整天处理各种复杂的政务，下班后头昏脑涨地回到简陋的家中，李伊迪早就准备好可口的饭菜。晚饭后，章益又伏案忙碌，点上一支纸烟，在油灯下看文件和书报，写文章。

7 月 4 日，适逢国民信用合作社[①]周年之际，章益为之撰文《合作与教育》[②]。他在文章中写道：我所想到的合作教育不单

---

① 1919 年 10 月，复旦大学教授薛先舟联合部分复旦师生，创办我国第一个信用合作社——上海国民合作储蓄银行（简称合作银行）。

② 《复旦同学会会刊》1948 年第 13 卷第 3 期，第 1 页。

是指培植合作人才举办的教育，而且是含有合作精神的教育，它必须建筑在三种基本态度之上。第一，教育的出发点必须是爱。教育的任务，是把爱苗栽培在每个儿童和青年的心之深处，使它孕育、成长、开花、结实。人类有了普遍的爱，世界和平必将降临，人类幸福必然获得。与爱相反的是恨，恨是万万不能提倡的……从事教育事业的人尤其应有爱而不是恨。第二，教育的目的是建设。无论就文化、教育、社会、政治、经济等任何一方说，凡建设总是好的，凡是破坏的都是坏的。有人借口说破坏是建设的手段，我不敢苟同。至少在教育上，手段与目的是分不开的。我们当前的破坏是太多了，谁也受不了。我们唯有呼吁个人建设、集体建设、大家建设，而且不只是说说而已，要马上去做，这才是挽救危亡之路。第三，要使爱心能发挥，要使建设能成功，还要有合作的信心，有合作的习惯。多少聪明人的才力，都因为相互猜忌而对消了；多少美好的计划，都因为人事倾轧而幻灭了；多少良好的开始，都因为分崩离析而中途废弃。我们被人事的纠纷阻滞了全部社会的进步。我们必须以合作代替斗争，才能达到富强康乐之境。

1938 年，章益针对抗战时期青年提出要求，他在汉口《民意》第 16 期发表的《青年的感情》[①] 中开篇便指出：“今日中国有些青年们的感情，似乎是太脆弱了。”接着，他指出中国的青年有三种不同的性格：第一类是“慷慨悲歌捶胸顿足”；第二类是“唉声叹气终日喊着苦闷”；第三类是“除掉年龄容貌真是青年外，心

① 《民意（汉口）》1938 年第 16 期，第 6~8 页。

理上和中年人甚至与老年人并没有什么差别”，这三类青年“是同样的脆弱”。他指出这些弱点，“为的是要唤起青年们自身的深切反省，而尤其要激发起青年对于社会的责任心。”他剖析了造成青年心理脆弱的原因，指出：“为增强抗战力量，必须发挥青年的力量。”他提出两点建议：第一，“万不要让青年以为脆弱是当然”；第二，“必须采用同情的，又是严格的锻炼方法，把绕指柔化为百炼钢”。

1938年，章益在替陈立夫部长草拟《为贷金事告学生书》中，鼓励学生在抗战中求学，接受军事教育和特种教育。接着，教育部颁布了《公立专科以上学生贷金暂行办法》，对全国公立专科以上的学生发予贷金（公私立中等以上学生亦适用）。贷金额为每人每月8~10元，半额为4~5元。

贷金制度实行的最初一年，享受的专科以上学生有3万多人，中等学校学生2万多人。到1939年，享受教育部津贴的学生已达10万至14万人。内迁学生们能够继续求学，贷金制度是必要的保障，这项制度为民族培养战时人才、储备人才做出了重要贡献，产生了久远的影响。

1939年9月9日重阳节，章益在复旦作了题为《怎样研究教育》的讲座。

在复旦校园他又见到了老同事温崇信等教授。老同事们见面分外亲热，问长问短。章益感到遗憾的是，好久没见到挚友孙寒冰了，听说他为解决《文摘》资金的事去香港了。温崇信等老同事请章益在食堂吃晚餐，特意点他们在李公祠教书时常吃的菜“肉丝炒蛋”和“醋熘白菜”。大家喝酒叙旧，听章益说他在贵阳的经历。

他们想念远在上海的老校长李登辉。温崇信问章益:“友三,你还记得吗?那年我们和一些同学一道毕业,校长在家请我们吃饭。饭后拿出桌上高尔夫球(Wee—Golf)教我们玩,可是在他面前,大家都很拘束,竟没有一个人去玩,他老人家为此还有些不高兴。此时你拿出纸烟,点燃起来,正要吞云吐雾,被校长看见了,朝你道:‘你,吸烟了?’你指指我,对老师回道:‘你看崇信,他不是也在抽吗?’这时校长两眼瞪着我,狠狠地道:‘Heishopeless!(他无药可救了)’然后走开,不管我们了。”[①]

当时敌占区有很多中小学迁往四川内地,教育部成立了中教司,对迁入内地的中小学进行并校组合,由政府出资建校舍和宿舍。1941 年 5 月,章益被调任中等教育司司长。精力充沛的章益白天搞行政,晚上熬夜撰写教育论文。他在《教与学月刊》发表了《推行师范教育运动之要义》[②],他指出:“若希望国民教育能有成效,能够担当抗战建国过程中应负的使命,必须有优良的师范教育而后可。”他介绍了国家推行师范教育运动的十大要点。

1942年2月8日,中国教育学术团体第二届联合会年会开幕,章益等担任年会主席团成员。他正忙于紧张的工作之时,不料噩耗传来:他的父亲章心培因患脑出血,于 1942 年 10 月 22 日在上海逝世,终年 78 岁。当时上海和陪都重庆电信不畅,章益收到父亲病故的电报已是几天后,他顿时泪如雨下,悲痛不已……没能在父亲身边尽孝,没能为父亲办丧事,他感到愧疚和自责……

---

① 赵世洵文:《一位伟大的教育家——记复旦大学校长李登辉博士》。

② 《教育通讯(汉口)》1942 年第 5 卷第 10~11 期,第 9~11 页。

往事一幕幕浮现在他的脑海里——他在上海和美国读书的每一天，父亲都牵肠挂肚。他和父亲保持书信往来，父亲关注他的生活、学业和工作，谆谆教诲，为他在工作和事业上的成绩而高兴。他在美国留学时，夜里孤零零地躺在租屋里，看窗外夜空中的月亮和星星，思念远在国内的亲人。每次收到父亲的来信，都是他最开心的事，看着那秀雅亲切的字迹，他的心里涌起暖流……而现在，国破山河在，他时常挂念生活在“孤岛”上海的家人，没想到父亲已去世！他夜不成眠，默默流泪。

“亲戚或余悲，他人亦已歌。死去何所道，托体同山阿。”生老病死是不可逆转的自然规律，活着的人还要坚强地活下去。章益深知父亲对他寄予的厚望，家国危亡，他要为教育救国事业做出贡献，他要活出有价值的人生。

章益把丧父之痛埋在心里，又投入到工作之中。他撰写了《现行学制的特性》发表在 1942 年广州《教育研究》上，针对国内对中国现行学制的批评，进行了具体的分析。首先，他回顾了中国新式教育学制 30 多年来的发展历程，认为它走过了抄袭、模仿和创造三大阶段，“中国学制的蜕变，逐渐增加其自觉性，不断地在改进与调整，以求与某一时期的需要更相适合。”章益理出其发展脉络，从清末抄袭日本学制，到民初兼采德国学制，1922 年学制更新后全盘模仿美国学制，1927 年后在美国学制基础上吸取英法学制并朝向国家需要的方向改进。到了 1937 年，“中国的学制慢慢地完成为现代中国式的学制了”。章益指出，创造就是“自主地自动地建立起新的体系与内容，不仅要顾到国家当前的需要，而且要发扬民族固有的精神；不仅要注意本国的文化，而且要迎受世界的潮流”。

他对关于现行学制的批评进行了分析。认为，必须先了解现行学制的特点，才能对其进行批判。他指出当时学制的几项特点：中国是农业国家，经济不发达，不能照搬工业化国家教育制度。此时普及义务教育，既无国家财力也无师资力量。各类短期学校是为了培养师资力量和职业技术人才，而分段过多也是为了适应国情，使得各种程度的学生均可为社会服务；现行学制适合抗战建国的当前需要，适应学生身心发展程序；也适应社会职业的需要。现制保持着单轨制的精神，而这一精神则从平等即人人享受平等教育权利和自由（尊重不同能力学生的个性发展）两大价值来体现。学校有贷款补助的规定，保证学生能够不受经济限制顺利升学。章益还指出，从小学到大学学制一共 16 年，并不算过长，而研究生阶段，学生均领取国家补助，也无增加负担的问题。他在综合分析的基础上指出，“不主张多变更学制的轮廓，而主张多肆力于内容的刷新。”

第二节 重庆北碚夏坝

千里西迁来的复旦师生在千厮门码头下船后，很快就在菜园坝复旦中学校园内复课。1938 年 2 月，副校长吴南轩在复旦校友们的协助下，购置了北碚对岸夏坝数百亩土地作为新校址。

风景秀丽的北碚夏坝，位于重庆西北约 50 多公里处，在黄桷镇与东阳镇之间，与北碚城区隔江相望，背靠琼玉山，面对嘉陵江。嘉陵江边的夏坝气候，与夏季酷热，秋冬多雾的重庆不同，春

1939年9月17日，中华全国文艺界抗敌协会北碚联谊会在重庆北碚黄桷镇王家花园成立，图为参加联谊会全体合影，前排左起：端木蕻良、方白、王浩之，陈子展、阜东、肖红、靳以、魏猛克、胡风。后排左起：马宗融、杨莅甫、老向、胡绍轩、方令孺、伍蠡甫、何荣。

温秋爽，冬暖夏凉。

夏坝原名“下坝”，是复旦大学新闻系教授陈望道命名的，寓意“华夏之坝”，表达师生的爱国之心。复旦迁到夏坝后，夏坝的抗战文化逐渐繁荣起来，它与重庆沙坪坝、江津白沙（坝）、成都华西（坝）并称为“抗战文化四坝”。夏坝对岸的北碚只有一平方公里左右，抗战时却聚居着一批文化名人，包括老舍、郭沫若、林语堂、胡风、路翎、萧红，以及在北碚有“雅舍”的梁实秋等。

众多迁徙来的学校，都需要修建教职工宿舍和办公楼。一时间章益家里门庭若市，一个个建筑老板给他送礼，全都被章益拒之门外。他平时最恨这些钻营取巧的市侩，他们在民族危亡时还想着个人利益，着实为人所不齿。最后，他把工程派给口碑好没送礼的朱先生。①

当时的北碚一片荒芜落后。复旦师生借黄桷镇河神庙（又名紫阳宫）为办公室、黄桷小学为教室、煤矿房屋为学生宿舍、王

① 章大纯：《章益与复旦的缘源》，转引自薛明扬、杨家润主编《复旦杂忆》。复旦大学出版社，2005年9月第1版。

家花园为教授宿舍。虽然是在偏僻落后的荒村，茅屋简陋，生活条件差，嘉陵江涨潮时校园面临成为泽国的危险，但500多名师生精神振奋，教授们认真地教，学生们勤奋地学。

重庆市北碚东阳镇夏坝的复旦大学旧址　郑远星摄

全校教职员工们共同努力，一年后将校址迁移到夏坝。30多间瓦房教室，形成了一个大四合院。附近是篱笆墙围起来的学生宿舍，30~40人住在宿舍里，晚上睡在双人床上。7~8人合用一张小桌子，学生们的生活紧张而充实。当时的复旦学生蔡可读在《夏坝岁月》中回忆："太阳刚刚上升。沿嘉陵江的斜坡上，就已散坐着三两成群的同学在学习了，有的则坐在沿江的茶馆内备课；或争辩着国内外大事。晚饭后，有的同学向相伯图书馆方向奔跑占好座位。当然也有相爱的男女同学，漫步于梧桐树旁情话不断。更有意思的是，不少学术报告会是在沿江某个茶馆内举行的。听众可以自由参加……"

在课余时间，复旦师生们积极参加社会活动，积极进行抗日救亡宣传。当时，法学院教授孙寒冰主办的《文摘》在国统区成为一面旗帜。

抗战时期，日机对重庆进行了200多次惨无人道的大轰炸，炸死炸伤三四万平民和军人，到处是断肢残躯，受伤者鲜血淋漓，呻吟惨叫，数千个平民在防空洞里窒息死亡到处是……

1940 年 5 月 27 日，日机轰炸黄桷镇的复旦大学，王家花园教师宿舍被炸毁，38 岁的孙寒冰教授和 6 名学生遇难，全校师生陷入悲痛中，为他们举办了大规模的追悼会。《桂林日报》主笔夏衍闻讯发表《又失去一个讲真话的人》一文，深切悼念孙寒冰："孙寒冰先生的死，我们的感觉好像在喧嚣嗽嚷的杂音里面，突如的少了一个洪亮壮大的声音。在中国向往真理，欢喜讲真话、听真话的人，是一个无可补偿的损失……纪念讲真话的人，最好的仪式应该是今后自己听真话，讲真话，第一是不要强迫别人讲奴隶擅长的假话！"

章益与孙寒冰交情深厚，对这位挚友的不幸去世，他心痛流泪，久久不能忘怀……他一直到老都在怀念这位志同道合、坚持真理与正义的挚友。

当时复旦最大的问题是经费问题。随校西迁的学生们交不起学杂费，学校原来靠政府每月补助的一万五千元，因战时关系只能按七折发放。尽管学校挖空心思，想方设法如压低专职教授月薪（180~220 元），尽量少用职员（职员一般由教员兼任），等等，还是入不敷出。教室、办公室和宿舍都是借的，办学经费十分拮据。负责人副校长吴南轩几乎天天在外跑经费，打电话找复旦校董们求助，到青木关教育部找章益商量，在重庆市区找复旦校友，费尽口舌，吃尽辛苦。他在筹款过程中，为了省钱只在小饭馆吃饭，传染上伤寒，所幸治疗及时痊愈。

吴南轩忙于在外筹募经费，复旦校内事务，他请土木工程系教授金通尹担任教务长。金通尹在上海时是复旦理学院院长，有行政管理经验。高个头的金通尹，穿着灰布长袍，戴着深度眼镜。银发秃顶的他，看上去像个不苟言笑的老僧，让人望而生畏。其实，他为人慈祥，关爱学生。他在极端困难下担负四个学院十六个系的教学工作，教学秩序有条不紊。除了教学管理，金通尹还在工程系上课。他学识渊博，精通中、英文学，他在土木系上课除用国文教材外，其他课程全用原版教材，考试全部用英文答题。金通尹阅卷时，不仅注意考卷内容，看到文法、修辞、拼写上的错误，他也一一予以改正。

那段时间，金通尹陷入悲痛中——他的一个儿子不幸去世，同事和学生都担心他，他克制住悲痛对学生们说："你们同学如果能各尽其职，为国家服务的话，我的精神上满足已极，毫不空虚"。

复旦在北碚夏坝办学整整八年，得到复旦校友们、地方士绅与民众的大力支持。曾经参与创办复旦公学、多次使复旦渡过难关的民国要人于右任，挥笔为复刊的《复旦大学》校刊题写刊头。远在上海的李登辉校长，得知在重庆北碚夏坝的复旦大学已站稳脚跟，十分宽慰，为校刊写了篇励志感言。

重庆北碚复旦旧址

困守在上海"孤岛"的

李登辉校长，处境同样艰难。1913 年汤佩琳病逝后，他无子女也没再娶妻。他的内兄汤仁熙劝他赶快续弦，他根本不同意。他对爱徒赵世洵说:“我告诉你,你师母的灵魂,每天晚间和我话家常,别人看她死了，我则视其如生。这是我祈祷后出现的奇迹。”

他每天操心沪校办学的事。复旦沪校租住的中一信托大楼地处闹市，环境嘈杂，不适合办学，1938 年下学期改租法租界霞飞路（今淮海路）1728 号楼房为校舍。此地环境幽静适合办学，但法租界当局迫于日军压力，不准复旦沪校在此办学，沪校不得已停课。第三次迁到仁记路（今滇池路）中浮大楼三楼上课。1939 年 4 月，复旦沪校第四次迁到赫德路（今常德路）574 号上课。此时，学生人数上升到 700 多人左右。1938 年 8 月，在重庆北碚的复旦教务长金通尹因父亲病重返回上海，李登辉校长委任他主持复旦沪校的日常工作。

1941 年 12 月 8 日，日军偷袭珍珠港向美英宣战。上海日军进驻租界，李登辉宣布学校实行“三不主义”，即不向日伪注册、不受敌伪津贴、不受敌伪干涉。“三不”做不到，学校立即停办。李登辉校长和全体师生保持了民族气节。

第三节　国立复旦大学校长

贫困如影随形，紧跟着重庆夏坝的私立复旦大学。学校的经济状况已拮据到难以为继的地步。物价飞涨，入不敷出。教育部拨发的经费少之又少，学校不得不东挪西借，多年下来亏空巨大。专职教授们月薪很少，囊中羞涩。一般教职工收入更少，不够养家糊口，人心不安，部分教职工离校谋生。

为了让复旦能继续维持下去，校友们发起“返校服务运动”，张志让、李炳焕、张明养、张光禹等回到母校执教。但因战时交通困难，往来花费多，因此来兼任教职的人很少，弥补不了流失的教职员工。在艰难困苦中坚持办学的复旦渝校，经费和师资都陷于绝境，到了山穷水尽的地步，实在无力维持下去了，吴南轩再次申请将私立复旦大学改为国立复旦大学。1938 年 4 月，吴南轩副校长向李登辉校长提出这个主意，李校长不同意将私立复旦改为国立大学。他认为，改国立后校名和编制可能会变动，会带来“政治影响、易长纠纷”，对复旦不利。

1939 年春，复旦初到北碚时，没有校基校舍，经济十分困窘时，吴南轩副校长听说贵阳大夏等私立大学正在谋求改为国立，他第二次想把私立复旦改为国立大学。他请复旦校董之一于右任领衔，分别函告李登辉校长和在上海的校董们，表示学校经济万分困难，“舍国立别无生路”。李登辉校长等校董回复指出：“改组后经费如何保障，校董会是否存在，沪校如何维持，附中地点成为敌人藉口没收如何避免”等问题。吴南轩一一回电和李校长商量，说：“通货益形恶性膨胀，物价如野马之飞腾……不改国立，势必中辍……”

1941 年 9 月 17 日，吴南轩第三次谋求将复旦改为国立大学，他邀请一些著名校董和校友在重庆嘉陵宾馆开会，到会的有于右任、贺国光、康心之、吴铁城、张道藩、章益、端木恺、程沧波、许绍棣、江一平等，除了报告一般校务情况，会议做出一项重要决议：“呈请教育部将复旦改为国立。俟部方决定后，再电留沪校

国立复旦大学　郑远星摄

董征求意见。如留沪校董表示异议时，再行集会讨论。”

于右任老先生对这件事发挥了积极作用。于右任被一位复旦老校友称为“复旦的孝子”，长髯飘飘的于老先生听了拂髯而笑。几十年来，复旦每到危难关头，他总是挺身而出，做了很多实事。作为国民政府教育部总务司长，章益在母校复旦由私立改为国立的过程中也出了不少力。在副校长吴南轩的努力下，经于右任、邵力子、章益等重庆校董和校友们的协助，国民政府行政院于1941年11月27日发布文告，批准把私立复旦大学改为国立大学。

此前，1940年5月，复旦大学校董会已同意代校长钱新之辞职，任命副校长吴南轩为代理校长。1941年1月，任命复旦毕业的江一平为副校长（上海滩大亨虞洽卿的女婿）。1942年1月30日，副校长吴南轩被教育部任命为国立复旦大学校长。教育部随后派人去北碚夏坝，验收复旦大学的全部校产，收归国有。复旦历年所欠债务及今后常年办校经费，全部由国库拨付。后顾之忧被解除了，办学经费有了着落，吴校长在嘉陵江边建造了牌坊式的复旦大学校门。校门上潇洒流畅的“国立复旦大学”六字，是于右任书写的。于老先生不但是政治家、教育家，还是一位书法名家。从嘉陵江边往岸上大道共有136级台阶，人们可以面对新校门拾级而上，走进复旦美丽的校园，参观这座神圣的文化殿堂。

1943年2月23日，接受国民政府教育部任命，43岁的章益正式就任国立复旦大学第二任校长。远在上海的李登辉校长来信致贺："得子继吾衣钵，吾无憾矣。"在他看来，章益"从我多年，与我善，知我深"，定能实现"得天下之英才而教育之"的理想，是执掌复旦的最佳人选。

此前，劳苦功高的吴南轩校长认为复旦大难已过，自己也不负学校，准备退休。教育部想调吴南轩任中央大学校长，但中央大学师生以吴南轩资望不高为名不接受他。教育部便改调吴南轩为国立英士大学校长。吴南轩不愿去远在浙江乡村的英士大学，上级改留他在复旦大学担任教育系教授，兼任国民政府监察院监察委员，后来改任他为国民党中央监察委员。

新任复旦校长的章益，对自己的前任吴南轩很尊重。有一天，章益和吴南轩等一起去食堂，章校长对身边的教授们说："我对前校长南轩先生，在艰苦抗战时期能挺过来，并协调各方，造了不少建筑，我十分难忘，为弘扬吴校长丰功伟绩，表示'每饭不忘'，我提议把新食堂命名为'南轩'。"吴南轩听了快步走到食堂门前，幽默地说："今天我做了老板了，请教授们用餐，我买单！"

章益上任后，想实现恩师李登辉的愿望，把复旦办成国内外响当当的名牌大学。他提出复旦办学的最低和最高两个目标——最低目标是使复旦的教育质量、学术研究水平在国内大学中保持最高地位；最高目标是使复旦跻身世界一流学府之列。他认为，为了实现上述目标，必须使复旦拥有一批名师。他一方面利用自己的身份和影响聘请各科系教授，一方面想方设法为教授们创造生活、教学教研条件，筹建教授宿舍、教学用房、科学馆，创办子弟学校等，让他们安心留下来，为把复旦创造成一流大学出力。

他十分清楚，私立时期的复旦校舍大都靠地方士绅、民众支持，靠社会各界集资、募捐，或金融工商人士的捐助。有些建筑项目，往往有意向甚至开始修建，最终却搁置。如原本用于纪念创校人马相伯和李登辉的相辉堂，1939 年 5 月 5 日复旦校友节奠基后一直没资金建造。还有，想建造的相伯图书馆也没建造起来。复旦校董和校友们为纪念马相伯，发起募捐活动，准备在夏坝建相伯图书馆，在重庆建百龄堂。1941 年夏，在夏坝校园里开始修建相伯图书馆，虽然生活非常艰苦，但校友们纷纷捐款，你二十元、我五十元，聚少成多，表达对马校长的感恩之心。军政要员孔祥熙、张群、张治中、邓锡侯、张发奎等人，也都慷慨捐助。复旦老校友副校长江一平出力最大，他想尽方法，募集了万元巨款。尽管如此，在复旦大学私立时期，相伯图书馆也因资金不到位，没有最后完工。

国立复旦大学校长章益　复旦大学档案馆　俞驰韬提供

章益出任国立复旦校长后，1943 年，在中央训练团党政高级训练班上，他发表了演讲《国防建设与中等教育》。在演讲中，他指出，“教育之目标在自信信道、自

章益校长给学生发毕业证书　《艺文画报》1947 年，俞驰韬提供

治治事、自育育人、自卫卫国。四者管教卫养，国之大政也，何由达成乎？”

重庆北碚复旦登辉堂　郑远星摄

章益和复旦全校师生抱着教育救国的理想努力办校，1941 年到 1944 年，660 多名复旦学生投笔从戎上前线。那段时间，复旦还主动承担国民党军委会委托，投入师资财力，为美国盟军开办译员培训

抗战时期，章益校长与国立复旦师生们合影

班。复旦还接受国民政府教育部安排，增设“侨生先修班”，接纳大量归国华侨学生入学，为此得到教育部300万元建筑专项借款及大额教育补助。

获得了这些资金，复旦校园里一幢幢楼房如雨后春笋拔地而起，相伯图书馆和登辉堂在春夏间相继建成，交付使用。校园里耸立起两幢宏大的建筑，在黄桷树镇鹤立鸡群。这时复旦校园已具规模：独立牌坊式的校门之内，以登辉堂为基准，相伯图书馆、寒冰馆、新闻馆等建筑一字排开，坐东朝西面向嘉陵江。4幢教室、4幢女生宿舍、6幢教授宿舍、6幢男生宿舍和一座食堂……

第四节　聘请名师

复旦校园里有了建筑设施基础，章益校长便把精力放在教学管理、系科发展等方面，他精心规划了复旦未来发展蓝图。在全体复旦师生员工的努力下，到了 1944 年，复旦已拥有 5 个学院 24 个系、2 个研究所，在校学生达 2130 多人。

1945 年 8 月，在章益校长主持下，学校对原有系科作了大规模的扩充：增设工学院，下设土木工程学系、机械工程学系、电机工程学系、化学工程学系、造船学系；文学院增设哲学系，原有史地学系分开，改设史学系；理学院的数理学系分为数学系和物理学两个系等，后来因各种原因，在章益任上没完全实现这个计划，但战时复旦已形成了文、理、法、商、农 5 院 27 个系的规模。

为了使复旦成为培育一流英才的大学，章益校长聘请了一批名师，有全增嘏、周谷城、顾颉刚、舒庆春（老舍）、梅汝璈、郭任远、童第周、陈传璋、罗卓英、于斌、王芸等，这一举措使得复旦得到了重大发展，提高了复旦的教学质量和学生质量，使得复旦成为大后方著名的大学。

复旦改国立后经费较私立时充裕，又注意改善教授住宿条件，提高待遇，聘请来的各科系教授加原有教授队伍，学校名师云集。有陈望道、张志让、周谷城、方豪、金通尹、沈百先、童第周、胡继绳、陈传璋、程沧波、洪深、曹禺、老舍、胡风、端木恺、陈子展、章靳以、卢冀野、伍蠡甫、梁宗岱、但荫荪、沙学浚、任美锷、赵敏恒、陈顾远、言心哲、熊子容、林一民、钱崇澍、卢于道、薛芬、李亮恭、潘震亚、李炳焕、严家显、张孟闻、吴觉农等人。

这批学养深厚的名教授，各具鲜明个性，但也具有一致的共性，就是对学问研究严肃认真，孜孜不倦，生活简朴，品行高贵，有风骨。一次，名作家章靳以在大礼堂上课，那天国民党财政大佬孔祥熙来校视察，大礼堂上贴着标语“欢迎国家栋梁孔祥熙”，章靳以走过去把标语撕了，愤怒地对学生说：“孔祥熙是国家栋梁，国家早垮了！”他的正言直行，受到学生们的敬佩。

外文系主任、诗人梁宗岱教授，生活落拓不羁，住宅里什么家具也没有，只有一张床，家徒四壁，墙上却悬挂着法国大作家罗曼·罗兰签名赠送他的大幅肖像。复旦为美国盟军开办译员培训班时，梁宗岱被委任为班主任。军事编制的译训班班主任是少将军衔，校方给梁宗岱配备了一套少将军服和领章，他把军服和领章退回去，说：“我是教授而非少将也。”

这些学贯中西的教授们在治学上敢于啃硬骨头。为了加深研究微积分在经济学科中的运用，著名经济学家樊弘拜数学家李仲衍为师。他从不缺席李教授的微积分课程，和理学院学生们一起认真记笔记，并参加考试。李教授的教学方式以培养“天才”闻名全校，他在一次考试中出了一道题，难度极大，他在试卷上注明，只要答对此题就给 100 分，其余题可以不答。这道题的特点是有层层叠叠的指数，绝大多数考生一看题目就傻眼了，根本不敢去碰，急忙去做其他题了。但樊弘和土木系的王尹解答了出来。

中文系的陈子展教授，积极参与进步教授的各种活动。他是一位诗词大家，也是一位爱才惜才的良师。1942 年参加入学考试的杨廷福，国语考了 98 分，数学却只考了零分，按当时教育部规定不能录取。但陈教授坚持要求学校录取他，不然自己就辞职，结果杨廷福被破格录取。后来，杨廷福果然没有辜负陈教授的期望，成为杰出的玄奘研究者和唐律专家，是华东师范大学的名教授。

各科系的系主任和教授们虽都是学术权威，但都平易近人，无微不至地关爱学生们的学习、生活和成长，语重心长地叮嘱学生们博采众长，完善知识结构。在生物系，童第周教授和学生们打成一片，研讨问题。植物学教授钱崇澍要求他的学生们专心治学，不要急功近利。张孟闻教授鼓励学生多读书，他常对学生们说："师生共同读书，师生也是同学。"卢于道教授对学生们强调，学习要手和脑并用，要能发现和发明，不能死读书做书呆子……

当时的复旦大学女教授不多，留名的更寥寥无几，才学出众、秀美儒雅的方令孺是个例外。她是章益和孙寒冰在华盛顿大学留学时的校友，1943 年，被章益聘请来到复旦中文系任教。令孺是安徽桐城人，1929 年回国，先后任青岛大学讲师和重庆国立剧专教授。1939—1942 年任重庆北碚国立编译馆编审。她是新月派仅有的两位女诗人之一（另一位是林徽因），她的散文也为人称道。

方令孺曾在青岛大学国文系任教两年，当时闻一多任文学院院长兼国文系主任，梁实秋是外文系主任兼图书馆馆长。

方令孺

方令孺在重庆北碚编译馆做编审时，与徐悲鸿前妻蒋碧薇是同事，两人交情很好。蒋碧薇在其回忆录中记述，她"在复旦兼几点钟法文课外，我天天要渡过嘉陵江去北碚的教科用书编委会上班。[①]” 1938 年 1 月，陈立夫出任教育部长，鉴于国内沦陷区的大学大多数已关闭，许多有成就、有造诣的学者教授闲置在沦陷区，或在大后方，陈部长为了让这些人生活安定，继续研究，成立了一个教科用书编辑委员会。在编委会上班的有方令孺和梁实秋等。蒋碧薇在回忆录中写道：一群朋友发起聚餐小集，每周一次，发起人是方令孺、章益、孙寒冰、端木恺、温崇信等。“朋友们不拘形迹，时相过从，尤其是方令孺女士，我们朝夕相处，同行同止，差不多有两年时间。她是安徽人，也在复旦教书，在编辑委员会我们又同组办公，她极重感情，有文人的气质，她的作品辞藻华丽，热情洋溢，颇受当时青年读者的推崇和爱戴。但是她的个性和思想却与我截然不同，因此复旦教务长孙寒冰先生（孙先生继金通尹先生接任教务长）对于我们两人曾有一个对照式的评价，他说：方令孺犹如清溪涓流，蒋碧薇则似高山巨瀑……”

方令孺家世不凡，她爷爷方宗诚是有名的理学家，入过曾国藩的幕府，她父亲方守敦曾随严复的老师吴汝纶赴日本，考察学制，回国后帮吴创办了桐城中学。方令孺七岁丧母，她在姐妹中排行第 9，被侄儿和侄女叫九姑。新月派著名诗人方玮德和弟弟方硅德（舒芜）都是她侄子。著名美学家、哲学家和诗人宗白华，是方令孺的外甥。

方令孺 19 岁时，她的伯父族长方守彝做主，把她嫁给了银行家陈卓甫之子陈平甫。夫妻俩感情不和，彼此轻视，生活、习惯、思想都不同。蒋碧薇在回忆录中写道：“……始终格格不入，虽然

---

① 编委会原先在重庆，后来因为空袭频繁，遂搬到北碚办公。

不曾离婚，却也分居很久。”1923 年，方令孺和丈夫留学美国在华盛顿大学就读，结识了同学孙寒冰，孙寒冰介绍她读易卜生的文学名著《娜娜》。这本书对方令孺触动很大，精神上十分痛苦的她，再也不能容忍那种虚伪屈辱的生活。据说，孙寒冰与比他大 6 岁的方令孺彼此爱慕，但此时方令孺已是两个女孩的母亲，这段感情没有结果。

1929 年方令孺回国后和丈夫离婚了。1930 年春，她经亲戚介绍到青岛大学国文系任讲师。她因感情伤痛情绪消沉。曾与她为邻的女作家、画家赵清阁说她：“诗人气质很重，她既有胸襟豁达的一面，也有点多愁善感，孤僻倨傲。她交往的人不多，常常独自待在屋里沉思默想，好端端地会忽然落泪。”

梁实秋写道:“她相当孤独,除了极少数谈得来的朋友以外,不喜与人来往。她经常一袭黑色的旗袍，不施脂粉。她斗室独居，或是一个人在外面而行的时候，永远是带着一缕淡淡的哀愁。”

1932 年，方令孺因生病暂时离开青岛大学，先是到北京姐姐家养病，后又因病重回南京治疗。这时方令孺和许多进步作家来往，丁玲曾多次到她家去。1933 年丁玲被国民党软禁，方令孺多次去看望她。1936 年丁玲到了延安，曾给方令孺来信，方令孺也给丁玲寄书去……抗日战争爆发后，方令孺从消沉中惊醒，她跳出了个人的小圈子，积极参加慰问伤兵活动，写有关抗战的散文。

1939 年后，复旦进步学生经常邀请方令孺和胡风等人去复旦演讲，方令孺和孙寒冰又见面了，他们经常在复旦校园散步、聊天。1940 年 5 月 27 日，孙寒冰在黄桷树镇被日寇飞机炸死，方令孺得知噩耗放声痛哭，几年没写诗的她写了长诗《悼念寒冰》，表达了她对挚友的深切缅怀和对敌寇的无比愤慨之情。她对孙寒冰之死，久久不能释怀……

1943 年后，方令孺逐渐成为抗战时期复旦大学著名的爱国民主教授之一。在民族存亡的紧要关头，方令孺和复旦各学科教授们怀着教育救国的强烈使命感和责任感，以他们的人格魅力和学识魅力，在极为艰苦的条件下教书育人，勤奋做学问搞科研，硕果累累。

第五节　李约瑟博士来访

章校长十分敬重各科系的教授们。1943 年 9 月，师生们在大礼堂开会，欢迎周谷城先生应聘来校担任史地系教授。校长章益主持会议，向大家介绍周谷城先生。

周谷城教授讲话时，章益始终站在讲台的边上，直到周先生讲完话，又亲自陪周谷城先生走出礼堂，始终“执礼甚恭”。

章益校长尊师重教，为师生们做好服务工作，功成名就的教授们也个个敬业奉献，兢兢业业地教书育人，孜孜不倦地埋头研究，年轻一代的学者在导师们的带领下，也刻苦钻研，开始他们的学术生涯。置身大后方偏僻的北碚夏坝，复旦和国外也有接触——1943 年，英国近代生物化学家、科学技术史专家李约瑟一行，代表英国皇家学会前往中国进行科学文化交流。

李约瑟生于英国伦敦，父亲是一位军医，母亲是一位音乐教师和作曲家。他在学业的道路上一路顺风，于 1925 年 10 月获剑桥大学博士学位，1924 年被聘为剑桥大学冈维尔与凯斯学院教授，在

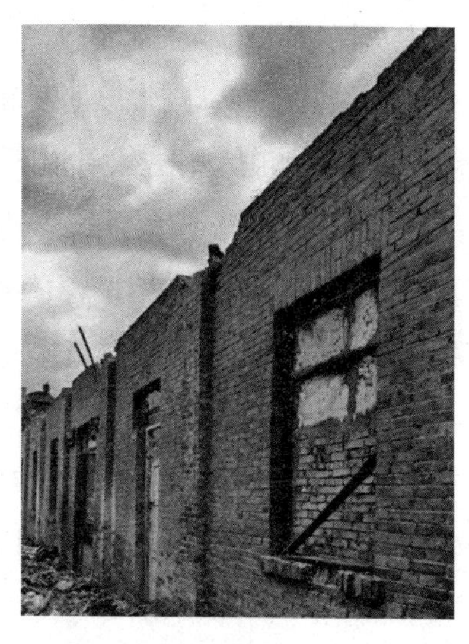
重庆北碚复旦教室旧址 郑远星摄

弗雷德里克·霍普金斯实验室工作，研究胚胎学和形态发生。1937年，他所在的实验室来了三位中国留学生：沈诗章、王应睐和鲁桂珍，来剑桥攻读博士学位，他们三人中的鲁桂珍，后来对李约瑟发生了重大影响。

毕业于金陵女子大学的鲁桂珍，是南京一个药剂师的女儿，秀丽文雅，冰雪聪明。已有妻室的李约瑟教授，第一次见到这个黑头发的中国女孩，就被她深深吸引了。鲁桂珍在实验室里作为助手，帮李约瑟夫妇（李约瑟和其夫人多萝西是英国皇家学会历史上首对夫妻会员）做很多实验。李约瑟不可自拔地爱上了这位喜欢穿绣花对襟棉袄和旗袍的鲁桂珍，鲁桂珍也喜欢这位身材高大睿智风趣的导师。有资料显示，鲁桂珍来剑桥不到半年，便与李约瑟有了肌肤之亲。鲁桂珍向李约瑟介绍中国古代的科学发明和医药学，给一直接受“西方中心论”的李约瑟带来了很大的震动，使他认识到“中国文明在科学史中曾起过从来没有被认识到的巨大作用”。于是，李约瑟对中国的科技发生了极大兴趣，开始向热恋中的情人鲁桂珍学习汉语，立志研究中国科学技术史。

李约瑟夫人多萝西（中文名李大斐）很快觉察到丈夫和学生鲁桂珍的情事，但据说李约瑟与多萝西婚前彼此约定，其婚姻为“开放”婚姻（open marriage）。从各种记载及多萝西的私人信件来看，她没有责怪丈夫，她也非常喜欢鲁桂珍，欣赏她的智慧和勇气。他们三人融洽无间，经常以朋友和同事身份，一起散步、郊游，泡在当地的小酒吧里，三人有说不完的生活话题和科学话题。

自 1942 年到 1946 年，李约瑟受英国皇家学会之命，在中国重庆任中英科学合作馆馆长，结识了竺可桢、傅斯年等中国科学家和学者，游历了还没被日本占领的甘肃敦煌和云南等地，参观考察并收集了大量的中国科技史文献。在此基础上，李约瑟在鲁桂珍的协助下完成了巨著《中国科学技术史》。1987 年，90 岁的多萝西去世，1989 年 9 月 15 日，85 岁的鲁桂珍和 89 岁的李约瑟在英国诺丁汉凯思学院的小教堂里举行了婚礼，有情人终成眷属。

1943 年 3 月 30 日，章益收到他的滁县老乡——中英文化协会会长杭立武的来信：

> 剑桥大学尼德汉博士现已抵渝，定于四月九日前来北碚讲演，十三日返渝，特函奉达。敬希贵校会同北碚各研究机关届时惠予招待，并排定程序为感。兹并附送尼氏经历一份，藉备参考。

尼德汉即李约瑟。章益校长很快给杭立武回函：

> 奉三月卅日惠示，承嘱会同北碚各研究机关招待尼德汉先生并排定程序。已于本月三日下午在兼善公寓开筹备会议，到会者有十余单位，当经议决招待办法及日程。兹特检奉一份，尚祈商询尼德汉先生后，连同最后决定之时间一并示复为感。

章益校长出面，联合北碚区18家学术研究机构组成筹备会，做了精心安排。李约瑟一行在北碚受到热情欢迎，他以英国皇家学会会员的身份在复旦大学做了《同盟国作战努力中之科学动态》的演讲。李约瑟对章益印象很好，和他结下了良好的私人友谊。此后，在李约瑟的倡议下，由英国政府批准在重庆建立“中英科学合作馆”，该合作馆给大后方教学科研机关提供了许多图书资料及仪器设备，复旦大学便是受惠者之一。李约瑟博士考察复旦后，在英国《自然》杂志撰文，对复旦的学术水平作出了高度评价。

那段时间，章益除邀请李约瑟等外国学者外，还邀请了很多驻华使节和政府官员来复旦大学举行各种演讲，活跃了复旦的学术气氛。

第五章 ‖ 民主管理　协商回迁

第一节　以师生为本

在章益校长的操持下，国立复旦的教学管理规范有序。

1943 年 6 月底学期大考，校长室秘书起草布告，准备张贴公布。秘书把初稿送到校长室，章益校长看了初稿，不禁皱起眉头。初稿上写道："本校已定七月一日举行学期大考，凡我同学，务希各守试场规则，维护复旦精神，努力学业，勿荒勿怠，是所愿望。此布。"章益认为初稿写得太空泛，他提笔在文稿旁写道："查本校历来举行考试，素以严肃著称。其所以得此佳誉者，固基于优良传统，亦有赖乎全体师生之协作。兹值本届学期考试举行之际，务望全体同学本自爱校之心，恪遵规章，勿稍懈忽，以期复旦精神更可发扬光大。凡我同学，其各勉励！"

办事认真、作风民主是章益的一贯风格，他是一位具有魅力和亲和力的校长。

在办学方针上，章益校长受其恩师李登辉校长的影响。早在上世纪 30 年代，李登辉就对复旦的办学方针发表过见解："复旦向来的办学方针，就是没有方针的方针。换句话说，就是听任同学自然发展、自由研究，学校只不过供给一个优良的环境，让各人尽量发挥各人的天才。所以，往往在商学院的学生，会变成一个制造家；而成为文学家的，却不一定来自文学系。”他还说：“学校当局认为，你们已经是一个成人。一个成人应该有独立的人格，否则如终日督促着你，那么四年之中，必造成大批奴隶；然而，我们复旦大学当局，希望造就的是大批‘自由人’。”

章益校长在教学管理上“以生为本”。复旦老校友孟庆远回忆了他 1943 年从山东老家到重庆考取复旦的情形。当时，离开学还有一个月，孟庆远带的钱快用完了，吃饭成了问题。他和一位同学便提前去复旦，想办法解决食宿问题。他俩被带到校长办公室，章益校长看他俩衣着不整，神情窘困，一定遇到了难处，就问他们：“你们既然已被复旦录取，虽未注册报到，还不能算我们学校的正式学生；但是，你们既然把我看作你们的校长，有困难要我帮助，我也就把你们当作我的学生来对待。现在，我决定提前发给你们公费卡，可凭卡先到饭厅吃饭。另外，让孙问章同学带你们到学生宿舍，暑假中空床位很多，可先住下，等开学报到注册后，再正式分配宿舍。”说完他当即提笔开了批条。

因为章校长的关爱，孟庆远和那位同学的食宿难题当天被解决了。

还有一位 1941 年考入复旦大学新闻系、毕业后留校任教的校友林淑英，她在《情深意浓怀复旦》一文中回忆她和先生举行婚礼时的情景，她充满深情地写道：

当我在 1948 年春与同系学友徐仁恩君决定并肩踏上红

地毯时，因家父无法由海外分身赶来，特商请望道师代表，他老人家闻悉后欣然答应，在结婚典礼中做了我的主婚人。提起我的婚礼，可说与复旦关系极为密切，证婚人校长章益，介绍人是总务长何德鹤，主婚人系主任陈望道代表家长，连一对新人在内，五位全是复旦人，三位复旦师长都在结婚证书上亲手盖上印章，见证白头之约，并贺良缘永缔。这充满复旦大家庭气氛的婚礼，在他们共同殷恳的祝福下，实在使我们毕生难忘。似水流年，如今半世纪已过去，昔日的新人已成他们祝愿中的“偕老白头”。每当我们翻开五十年前的结婚证书，看到印章的色泽依旧鲜明，但哲人已逝，无不泫然叹息！但他们的嘉言懿行、功绩和风范，与毕生燃烧自己光照学子的爱心和奉献，将永远铭记在我们心中，流芳世间。

章益校长关爱复旦的每一位教授。生物系主任薛芬教授是联合国救济总署农业专员，利用职务之便，他为复旦争取到大量建材，登辉堂得以竣工，章益要奖励薛芬——用剩余建材为他盖一幢小楼，薛芬不肯接受。章益论功行赏，要给他加到复旦最高薪水，薛芬也没同意，请他加给一位年长于己的同事。

1947年，章益为一对新人证婚

1946年，薛芬随复旦

迁校回上海，担任生物系系主任，首创高校海洋学组并任主任，当年招新生 20 名。1948 年经英国著名科学家李约瑟推荐，薛芬教授获英国文化委员会提供的 1 年奖金，以研究教授身份前往英国讲学暨考察。不料，薛教授在乘船前往英伦途中因心脏病突发，在异国他乡去世。章益和复旦教工们闻知噩耗，十分震惊，都对他英年早逝感到十分惋惜。

章益多次联系薛芬的老同学李振麟、全增嘏、索天章等，一起商量薛芬的善后事宜。章益含泪主持追悼会并致悼词："薛先生对生物、鱼类学的研究，国内是一流的；在培养人才上是鞠躬尽瘁，复旦损失之大难以弥补……"

第二节　"民主堡垒"

章校长不忘恩师李登辉的教诲，秉承复旦"学术独立，思想自由"的精神，重视学校的民主建设。他致力于培养思想独立的"自由人"，对复旦师生结社比较宽容。在章益任期内，复旦社团活动十分活跃，出版壁报众多，学术空气浓厚，客观上促进了进步思想的传播。在章益的主导下，复旦大学与中央研究院等机构开展密切合作，出版了《复旦学报》，有力地提升了复旦的学术声望。

文化是学校建设的灵魂。1943 年 3 月 27 日，章益主持召开复旦大学第一次教员学术座谈会，主题为"中国新文化建设问题"。战时图书资料紧缺，章益为解决师生学习研究需要，想方设法，通过旅美校友为复旦购买了一批科技书籍。

他在四川涪陵得到藏书馆捐赠的 650 册《汉魏丛书》《明史

稿》《元史汇编》等及全部《二十四史》。学校图书馆里很多书籍供师生们自由借阅，包括被当局列为禁书的马克思、恩格斯、列宁、普列汉诺夫的著作，都公开摆在书架上。

复旦大学新闻系一直存在着民主传统。1944 年在章益的操持下，复旦新闻馆奠基竣工。那以后，新闻馆成为复旦大学进步活动中心。新闻馆除了有各种国内公开出版的报纸杂志，还有中国共产党主办的《新华日报》。

据复旦大学校友孟庆远回忆："新闻系素有民主传统。特别是我入校的第二年，新闻馆成立后，成了全校进步活动的中心。新闻馆内不仅有当时全国公开出版的报章杂志，而且还包括在重庆出版的《新华日报》，那是中国共产党主办的报纸。在当时国民党统治区，看《新华日报》就会被加上'共产党嫌疑分子'罪名，甚至加以逮捕。新闻馆开幕那天，遍请重庆新闻界名流，著名学者潘梓年也出席了。他是共产党人，曾任《新华日报》负责人，是当时新闻界的知名人士，我们新闻系的前辈。……邀潘梓年出席这件事，如果没有章益校长办学中的包容思想和在学术上形成的宽松气氛，是不可能出现的。"①

章益的挚友孙寒冰教授，是一个坚持真理倡导民主的人，他曾策划创办《文摘》杂志，章益亲任《文摘》编辑社社长。1940 年 5 月 27 日，孙寒冰不幸遇难后，1944 年，在章益校长的主持下，夏坝复旦校园里造了一座科学馆，命名为寒冰馆，以志纪念。学生

① 孟庆远：《忆章益校长》。转引自薛明扬、杨家润主编《复旦杂忆》，复旦大学出版社 2005 年 9 月第 1 版，第 307~308 页。

1944 年复旦新闻馆竣工后，章益校长与新闻系师生合影

们经常出入其中……

孙寒冰去世前的那天早晨，他告诉编辑冯和法，自己将去担任中山大学文学院长，同时为《文摘》出版社筹款，已荐请张志让先生回校担任法学院长，兼任《文摘》总编。冯和法回忆，当时想担任《文摘》编务的教授大有人在，孙寒冰之所以推荐张志让，他认为："主要是仰慕张先生的声望，使复旦大学当局有所借重，《文摘》编辑部年轻同仁一致拥护的缘故。"

张志让是著名法学家，号季隆，又号季龙，是江苏武进人。1915 年他毕业于复旦公学，后留学美国哥伦比亚大学，回国后任北京大学、东吴大学教授。1926 年，张志让经堂弟张太雷介绍到武汉国民政府最高法院工作。1931 年"九一八"事变后，张志让积极参加抗日救亡运动。1936 年，为了营救沈钧儒等"七君子"，张志让担任辩护律师，与国民党政府进行抗争。

1932年，张志让受聘为复旦大学法律系教授，1935年起兼任复旦大学法学院院长。1937年复旦大学迁往重庆北碚后，张志让留在上海抗日。1940年冬，他应校方之邀，赴重庆复任复旦教授，接替孙寒冰任法学院院长兼《文摘》主编。

张志让回校后不负众望，在校务和教学诸方面尽心尽责。他团结进步师生，维护中立师生，宣传抗战思想。他讲授的必修课如哲学概论等，颇受学生们的欢迎。他夜以继日地翻译国际时事如《西班牙现状》《胜利之路》《略谈越南的民族解放运动》《美国的扩军和失业问题》《纳粹在拉丁美洲》等文，在重庆的《新华日报》上发表。他还以渊博的学识和雄辩的口才，发表题为《一年来国际形势与回顾》等演讲，宣传鼓动群众积极投入抗日救国运动。

再说复旦大学新闻系主任陈望道教授，他1931年7月离开复旦从事写作。1940年秋赴重庆，再任复旦中文系主任。1942年就任新闻系主任、代教务长。陈望道担任系主任的新闻系，是复旦民主氛围最浓厚的一个系，很多中共地下党员都在新闻系工作。当时，复旦大学新闻系学生经常以录音实习为名收听延安广播，辑录新华社的重要消息，然后迅速在复旦校园里传播，在社会上传播，被复旦大学师生誉为“夏坝的延安”。

复旦新闻系学生收听延安广播的事，被国民党中统特务发觉，向蒋介石汇报，蒋介石立即致电责令教育部长朱家骅查办复旦新闻系主任陈望道。

据报，复旦大学奸伪分子利用复旦新闻馆内装设之无线电收音机，近日已用 XNCR 呼号收听延安广播。此收音机管理系由陈望道指定讲师李光诒、助教杨师曹，知道复兴（新）通讯社杜栖梧应用，故近日凡延安一切广播之荒谬谣言，均能于当日传递全校。……希注意防制。

1945 年 11 月 25 日

朱家骅是国民党的一位干将，资历不凡。他是中国近代地质学的奠基人，担任过教育、学术、政府、中统机关等多项要职。学识过人、风度儒雅有魄力，是个举足轻重的人物。朱家骅早年参加辛亥革命，1914 年初赴德留学，1917 年初回国后在北京大学任教，他曾以“欧美同学会”学者身份参加五四运动，后来在抗战中发挥了重要作用……就任教育部长前，他是国民党组织部长。1945 年 12 月 8 日，朱家骅致函章益，要求对此严加查办。

顷奉主席十一月廿五日府君信字第 773 号代电开：“据报复旦大学奸伪分子利用新闻馆内装设之无线电收音机，近日已用 XNCR 呼号收听延安广播。……（略，见前）……希注意防制”，用特密函奉达，务请台端严加注意查办，并予防制，仍盼将处理情形示告为荷。

章益校长没有听任朱家骅部长的命令，他以“事出有因，查无实据”为由予以化解，保护了陈望道教授。

案奉钧部卅四年十二月八日高字第六二〇九一号密令敬

悉：窃本校新闻馆内装设之无线电收音机，原以校内白昼无电力供应，仅晚间可以收听，于延安晚间广播之时间内（每日下午六至七时）早经予以规定，以收播音乐为限，藉资防制。刻下该项收音机扩音器损坏，于修复前，每晚于六时至七时之间，将收音室封闭。理合具文呈复，仰祈鉴核。谨呈教育部部长朱。

复旦大学校长章益

第三节 引咎辞职

章益校长在重庆夏坝执掌复旦期间，复旦大学与往日相比，校园建筑规模、教学质量和学生质量、在学术上的发展、声誉影响的扩大，都取得了长足进步。

然而在那段时期，章益校长的处境十分艰难，一个个难题摆在他面前：学生人数激增，物价飞涨，复旦日常经费标准远低于其他学校，无法维持。1944 年 12 月，章益请求教育部提高下年度经常费标准。

章益校长没料到，接下来发生了一件令人痛心的事件。

1945 年 3 月 5 日，复旦校友、浙大著名教授费巩应章益邀请来复旦任教。1943 年章益担任复旦校长以来，曾给费巩发去十次信函，邀请这位才华出众个性刚直的校友来复旦任教。可这一天，费巩从重庆千厮门码头乘船来复旦时，却突然失踪了。消息迅速传开，复旦大学的教授、学生们和社会各界民主人士，都在呼吁营救费巩教授。国民党当局故作镇静，报纸发布的消息疑点百出，他们假惺惺地派人四处寻找，却始终没有下落。费巩教授为何会失踪呢？

章益校长十分焦急，坐卧不宁，他有一种不祥之感……

费巩 1905 年出生于江苏苏州市的一个望族之家，父亲费仲深是柳亚子先生的舅舅，费巩夫人袁慧泉的父亲是袁克定，是袁世凯的长子。袁慧泉与费巩结婚后，在费巩的影响下，见识和胸襟都有很大的改变和进步。费巩具有正义感和爱国心，他终身为民主自由而呐喊。26 岁时在其第一部著作《英国文官考试制度》中，提出了“民仆”的主张，即官员应为人们的仆人，和各工商业者一样都是为民效劳的。他认为，当时的官员们“俨然以民之父母自居，进而剥削之鱼肉之”“民国以来，号称维新，而政界之恶浊腐败，甚于往昔”。他多次发表文章抨击国民党的专制和腐败。

像费巩这样一个刚正不阿、忧国忧民、为民请命的人，为国民党政府所不容，中统和军统特务等都监视他，终于对他残忍下手。后来资料披露：3 月 5 日凌晨，黑沉沉的山城大雾弥漫，当费巩和同来的邵全声提着灯笼走向码头时，早有一群如狼似虎的特务埋伏在那里，把费巩推上囚车，带到重庆卫戍司令部稽查处关押起来，后来又把他关进渣滓洞特别监狱。社会进步力量寻找和救援他始终没有结果，心狠手辣的特务早已把费巩教授推入硝镪水池中，毁尸灭迹……

章益不知道也没想到费巩教授如此惨死。他感到内疚，如果费巩教授不接到他的邀请来复旦任教，也许他就不会失踪。……由此事可以看出章益聘请教授的倾向，他不是不知道费巩教授对当局的一次次批判，为当局所不容。

章益感到事情越来越棘手，1945 年 7 月 20 日又发生了一件“覆舟事件”，让他十分被动。事情经过如下：复旦学生中有不少“三青团”（三民主义青年团）学生，“三青团”头目、校训导处主任陈昺德腰挂手枪，张扬霸道，动不动就带人搜查学生宿舍，撕毁进步学生的壁报，持枪恫吓壁报的编者和作者，胁迫进步学生退学，派人盯梢、监视进步学生的行踪。他独霸码头，控制复旦在嘉陵江上的渡船，在暴涨的江中超载覆舟，他见死不救，导致石怀池（束衣人）、顾中原、王先民三位学生被淹死于江水中。“覆舟事件”引起了全校师生的公愤。

石怀池是江苏丹阳人，外国语言文学系的高材生，从事文学创作、文艺评论和翻译，留下的作品和译文约有 70 多万字。他正准备到解放区去，“走向人民、走向斗争”。临走前他的长文《远行草》已写了一万余字，7 月 20 日 11 点钟还没写完，午后他便过嘉陵江去了，却再也没能回到夏坝。

来自安徽的顾中原，是外国语言文学系学生。他爱好演戏、写戏和写诗，特别擅长写独幕剧，被同学们戏称为“我们的莫里哀”。他创作的剧本和其他作品近 40 万字。顾中原平时沉默寡言，在舞台上却洒脱奔放。

新闻系学生英俊质朴的王先民是陕西人，他为人质朴、沉默寡言。他热衷于研究马克思主义文艺理论，以托尔斯泰、涅克拉索夫作品中的俄罗斯农民的命运，对照中国农村的现实，在论文中流露出悲愤的情绪。他写有六部关于屠格涅夫作品的专论，有自己独到的见解……

三位颇有才华的年青学子被活活淹死，学校在全校师生的愤怒中解除了渡船承包人陈昺德的一切职务。由复旦学生自治会出面，邀请一些深孚众望的教授和学生组成治丧委员会、法律委员会，办理丧事，调查真相，提起诉讼，处理相关后事。7月26日傍晚，学校在夏坝举行了庄严肃穆的追悼会。

事发后章益心情沉痛，坐卧不宁，夜不能眠，于是决定引咎辞职。师生们意见不一，有人反对章益，想让他下台，也有人认为此事不能归咎于章益。当时，复旦校内的中共地下党组织研究形势，认为教育部长已由陈立夫换为朱家骅，章益不是朱家骅派系的人，国民党教育部可能会乘机换掉章益，派来朱家骅的亲信为校长，对处理善后事宜不利，认为章益继续担任校长有利于复旦及学生运动的发展，因而决定团结全校师生挽留章益校长。1945届毕业生张薰华联系杜子才、戴文葆3位同学，制作了8张两米多长的大布告，以本届毕业同学会名义恳请章校长留下来。

在各方力量和社会舆论的支持下，章益最终同意留下继续担任复旦校长。

第四节　协商并校事宜

1945年8月10日，日本政府照会中美英苏四国，将接受波茨坦公告。日本乞降的消息迅速由中国和同盟国的电台传播开来。饱尝战祸之苦的全国人民欢欣鼓舞，群情激昂。复旦大学校园陷入狂欢之中，师生们载歌载舞，彻夜不眠。

北碚夏坝复旦校长室、训导处、总务处为避免危险，张贴布告，希望同学们不要无事过嘉陵江。教务长林一民与代总务长芮宝公，和提着灯笼火把的学生们游行到复旦新村，请求在家休养的章益校长迅速回校复职。章益高兴地举着火把，带领学生们高唱救亡歌曲，并决定次日举行升旗仪式。

为庆祝抗战胜利，第二天上午10时复旦大学举行升旗仪式，章益校长抱病主持，并作了简短发言。当天下午6时半，全体师生员工召开大聚餐纪念会，校园里锣鼓喧天，一片欢腾。校长章益站在升旗台上兴奋地对大家说："同学们，我们光荣的抗战刚好是'八一三'——八年一个月十三天，现在不论你们用什么方法来表示你们内心的快乐，我都照着你们做。"他和几位院长都站在台上唱了京戏。"那天，学生们欣喜若狂，又跳又唱，校长真的跟着唱，大家笑得连眼泪都流出来了"（有兰《忆夏坝》）。晚上10点左右，台上宣布伪满关东军已于下午3时全部投降，全场顿时欢声雷动，久久不能平息。章益校长再次登台唱大鼓词一曲，表达了心中无比的激动和兴奋之情。

抗日战争结束后，复旦大学的历史展开了新的一页。战时内迁大后方的大学开始陆续回迁。1945年8月25日，复旦大学校长章益召集了48名教职员，在北碚大操场开会，章益校长作报告。在这次会议中，教职员们主要有三种意见：一、重庆复旦大学迁回上海江湾原址继续办学；二、在上海江湾办学，部分学生分流，在无锡办复旦分校；三、把复旦迁到地域空间大的无锡办学。讨论结果，多数教职员主张把复旦渝校迁回上海江湾。

据复旦校志记载，关于复旦大学回迁问题，蒋介石颇为重视，他示意教育部校址最好设于苏北。教育部遵照其意旨办理，初定海州连云港，复改徐州，后因抗战前复旦曾受赠太湖边大雷嘴山地一千零十四亩为建设地基，确定校址为无锡。教育部部长朱家骅曾到夏坝复旦大学找章益校长商量，想把复旦大学迁出上海，迁到连云港或徐州另行建校。但国民党政府的建议，遭到复旦师生员工及校友的强烈反对，大家只对把复旦迁到无锡作了妥协认可。

李登辉校长更是关注复旦渝校内迁的事，早在日本投降前夕，他便派人潜回江湾查看，发现学校原第一第二宿舍、女生宿舍、体育馆、校外宿舍等建筑物已完全毁灭。8 月 29 日，他给章益发电报："江湾校舍已派员视察，一部毁损，幸尚可用，亟须收管。迟恐校具、校舍偷拆一空。"这时的复旦江湾校舍，设施、门窗、器材用具等大多被人偷拆走，需要大力整修才能使用。内迁带走的大部分书籍、仪器等，还有大量物资如学生宿舍的铁床、铁架及小型印刷机、土木系的水泥试验机等等，需要复旦渝校回迁时清点验收。

江湾校区一些主要教室受到严重破坏，即便能维修的校舍都修好，其容量也没法和原先相比。章益清楚，复旦此次回迁上海，除了北碚夏坝的学生、大部分教师回去外，还有上海租界复旦补习部的师生，两校合在一起，大致有 4000 名学生、500 名教职员工。不是修整后的江湾校区能容纳的。学校如果迁往外地，不但需要大量经费投入，而且时间上也紧迫来不及。

1945 年 10 月初，章益校长乘飞机来到上海，处理十分复杂的迁校事宜。他急切地想见到恩师李登辉并听听他的意见。他心中忐忑，关于沪渝两校的合并问题，不知老校长意见如何。1942 年，重庆夏坝私立复旦因经费困难，吴南轩校长和一些校董把复旦改为"国立"时，并没征得李校长及在沪校董们的同意。上海江湾复旦的校产，是李校长历经艰辛惨淡经营来的，他对复旦改国立颇有微词，认为改成国立于复旦发展不利，甚至担心校名都会被改掉。

章益思前想后，决定先去见他的校友耿淡如教授。耿教授时任复旦沪校政治系主任，是李登辉的亲信。随后章益和耿教授去海格路（今华山路）拜访李老校长。孤零零的李登辉校长，住在一处旧式楼房的底层。章益进门见到久别的恩师，忙弯腰上前，向老态龙钟的李校长问好。

此时，李登辉因患白内障两眼模糊，见到久别的得意门生章益，异常惊喜，他步履蹒跚，两手颤抖地拉住章益的手。后来，章益在《追慕腾飞夫子》中写道："先生目已失明，聆益音而喜曰：子竟归来如是之速乎？"李登辉高兴地和章益说话，"娓娓燕谈，不感疲乏"。章益感到难过，"想见上海沦陷中，先生处境之如何困苦"。他劝老校长退休，说他已向各地校友们募集了一笔颐养金，"购存黄金五十七两，除先献捐四成外，当计三十余两，此项存金，应请李校长哂纳"。他没想到此举惹得老校长不高兴，李登辉对他说："我是办教育的，不是卖学校的。"章益耐心地和李校长商量了好几次，李登辉才答应下来。

令章益感动的是，关于校产处置问题，李校长高风亮节，丝毫没提个人条件。他说：只要承认沪校学生复旦学籍、沪校教工纳入复旦编制，沪渝两校即可合并，校产由返沪的国立复旦大学接收。章益立即召集有关人员开会，向大家说明大学部改为国立；复旦附属中学及复旦实验中学仍为私立，复旦附中改名为复旦中学。他任命何恭彦为复旦中学主任，朱祖舜为复旦实验中学主任。

接下来，章益和金通尹赶赴无锡考察复旦大学新校址。因新校舍建设尚未完成，他们决定渝校暂回上海江湾原址。章益还发起成立了复原委员会上海分会，由在沪复旦同学会和复旦补习部校务委员会各推 9 人担任委员，随时与重庆复旦取得联系。李炳焕教授留在上海负责联络工作。

章益校长在上海期间，接受了《正言报》记者的采访，记者向他提出了三个方面的问题：一、请您谈谈复旦的成长及过去在中国教育史上的地位；二、抗战期内复旦动态如何？三、今后复旦复校计划是什么？章益回答说，他来上海后，已与各方面洽商，初步收回江湾复旦校产，并设法在附近租借一部分民房，以备扩充使用。上海现有复旦大学及上海补习部学生千余人，我们准备在年内先行迁入江湾母校。明年春夏间，我们计划将在重庆的两千多名复旦学生一并迁入。教育部已为我们计划了新校址，在无锡太湖边大雷嘴。此地是吴稚晖（民国元老）先生慷慨捐助给我们建新校址的，共 1014 亩滨湖山地，风景秀丽。该项新校舍明春即可动工，计划两年内完工。今后，复旦将在这里增加工学院，扩充原来的土木工程系，包括机械、电机、水利及纺织工程专业。

1945 年 11 月 3 日，私立复旦实验中学和私立复旦附中成立董事会，召开了董事会联合会议，国立复旦大学校长章益主持会议。11 月 27 日，章益校长向教育部申请，聘任李登辉为复旦大学永久校长。

第五节 “谷风事件”

章益校长乘坐飞机在重庆和上海之间多次来去，为复旦大学回迁的事操劳。没想到夏坝校内又出了一件事。1946 年 2 月 22 日国民党政府策划了一场“反苏大游行”，重庆各校师生包括部分复旦师生，前往街头参加游行。

事发第二周，复旦校园里便发生了“谷风事件”。《谷风》是复旦校园内一张壁报的刊名，壁报主编是华侨学生庄明三。本期壁报发表了署名“冷眼”（历史系学生蒋当翘）的文章，“揭露”了这次反苏游行的内幕，说“参加游行的人学校都发了津贴”。复旦校内一些国民党特务学生就说这是对“爱国学生”的污蔑，特务学生但家瑞带领少数学生冲进庄明三的宿舍，把他拖到校园旗杆下罚跪。这事惊动了有民主思想有正义感的教授们。

周谷城和陈望道等都来了。刚从重庆返校的洪深教授手里提着打字机，他看到校旗下闹哄哄的，问明情况后，把手里的打字机交给一个学生，然后挤进学生人群中来到校旗下，把跪在地下的庄明三从地上拉起来，责问但家瑞等学生：“真可耻！我三十年代就在上海复旦教书了，那时，同学们抓了小偷也没有罚跪的，而你们竟对自己同学采取这样野蛮的行为！”洪深教授气愤地教训但家瑞等一伙学生：“你们的教育受到那里去了？”

但家瑞一伙人不理睬洪教授，把他包围起来，有个反动学生还拿石块砸他。进步学生们一边保护洪深教授，一边动员全校学生签名罢课。全校教授们也集体签名抗议。当时，章益校长正在重庆市内开会，他的夫人李伊迪恐怕庄明三再遭特务行凶，便将庄明三留在自己家里。章益校长闻讯赶回夏坝后，紧急召开谈话会议，讨论如何处置这一突发事件。校领导和教授们经协商，达成一致意见。3 月 4 日在大礼堂召开全校大会，章益向全体学生训话："学校纪律必须维持，肇事学生必须惩处，学生应尊敬师长，同学间应和睦相处……"

章益校长召开训导会议，决定开除肇事学生但家瑞、蒋当翘二人。这次会上，对事件处置不当的训导长芮宝公引咎辞职。接着，训导处向北碚司法处控告洪深教授，说他污蔑训导处，洪深愤而辞职。复旦大学轰轰烈烈的学潮轰动了山城重庆，引起国民党政府和社会各界的广泛关注。《新华日报》《大公报》皆予以报道："章益校长以此事件处置棘手，亦已向教育部辞职。全校师生今日召开大会展开讨论，师生们不同意章益辞职，学潮平息下去了。"

第六章 ‖ 江湾复校 历经艰难

第一节 艰辛的回迁

重庆夏坝复旦大学的回迁过程，充满了艰辛。复旦重庆和上海两校合并后，江湾校舍根本容纳不下3000多名师生员工。经过枪炮肆虐和日军飞机轰炸的上海，到处都是废墟。离日租界不远的江湾校区，也不可避免地被毁坏。复旦大学校外有日军兵营及伪上海大学农场，章益向国民党政府行政院及敌伪产业处理局要求，将该批房屋、土地作为资产赔偿复旦所受到的损失。

1945年10月18日，章益发函给国民党第三方面军总司令部，协商驻军占用校舍等及拨借房屋事宜："敝校江湾翔殷路校舍承贵军光临暂住，曷胜荣幸。惟闻驻军时有调防，交替时间有不肖之徒知校内无军队驻扎，乘隙入内，偷窃物件、拆毁房屋。用特具函恳请，尚祈俯察情形，于军队调防时，酌留少数部队，保护校产，以资镇压。再，敝校日内即拟进行修理校舍工作，所有派往该处之职工及修理工匠，拟由敝校出给凭证，以便出入，请饬驻校部队查照办理。"

直到1945年12月2日，第三方面军总司令汤恩伯才回函，同意派部下保护复旦校舍、提供整修校舍职工出入便利的要求。但他没回复拨借房屋的事。

复旦想接收校外敌伪房屋产业并不顺利。1945年11月16日，教育部京沪区特派办事处发来公函：“敌伪产处理，行政院有统筹之规定，本部未便单独办理。复旦大学应先接收原有校产，如所有房屋不敷，则应在无锡物色公有房屋，在锡复学，一劳永逸。现时中央严禁修建，倘在沪进行，困难多，希转知。”

1945年12月18日正式备案，核准复旦大学迁往无锡，但因内战爆发、巨额经费问题等原因，复旦没有迁往无锡。1946年3月1日，章益向教育部递交《本校择定无锡校址经过》文，表示新校址建设完成之前复旦将暂设在沪。

前述章益10月初去上海处理了一系列回迁事宜后，11月15日，他乘飞机返回重庆。18日乘车回到北碚，次日晚，章益在大礼堂向师生们报告上海之行一切事宜，向师生们做了首次迁校动员。《复旦》校刊报道：“大礼堂满坑满谷，座无虚席，后来者则围绕礼堂四周，咸以渴望之神情伫待报告之开始……”

10月26日，上海复旦大学补习部土木工程系和化学系200多人，先行迁回江湾上课。校房被严重破坏，修理费时，直到1946年3月底才初步修缮完工投入使用。补习部其他各系陆续迁回江湾准备上课。3月27日，章益又乘飞机由渝返沪，到江湾校舍看望师生们。沪校4月1日开学上课。

关于复杂的迁校问题，复旦渝校于1946年1月成立了迁校委员会，校长章益担任主席。此后，迁校委员会召开了20多次迁校会议，安排东迁事宜。

1945年，复旦大学夏坝校区下学期提前结束。1946年5月12号放暑假，师生员工们先后多批分水陆两路出发，以陆路为主经川陕公路、陇海、京浦、沪宁铁路，乘汽车转乘火车返回上海。水路则乘轮船沿江东下。也有师生坐飞机回上海。

上海江湾国立复旦大学老校门

6月10日，章益校长再次从重庆飞赴上海，邀请复旦老校友民国元老于右任、邵力子先生等到子彬院演讲，老校长李登辉也应邀出席。银髯飘拂的于右任挥笔题写“国立复旦大学”六字，字迹雄伟苍劲，悬挂于江湾复旦校门上。

6月22日，章益乘飞机返回“火炉”重庆，第二天乘早班车抵达北碚。他为复杂的迁校事宜不停操劳，面容憔悴，又黑又瘦，复旦校刊报道：“是日，天气酷热，胜于往常，校长风尘仆仆，既经机车之苦，复受溽暑之熏蒸，抵校时面容消瘦，劳累之状，不言而喻，然其精神极为饱满，身体亦甚康健……”尽管夫人李伊迪很心疼，但章益没有时间在家好好休息。当晚，他向全体师生布置迁校事宜，“讲话历二小时有半，到者踊跃，员工聆讲后，咸感兴奋”。

校舍问题是重庆复旦回迁的当务之急。上海这边的老校长李登辉不顾年迈，也一直在为复旦回迁操心忙碌。他联系在上海会计师行业颇有名望的复旦校友奚玉书——奚玉书在战后被邀加入敌伪产业处理局工作，人际关系良好——拜托他大力支持复旦获得敌伪产业。奚玉书办事干练，两天后敌伪产业局同意把第四集中营房屋交给复旦，只需要行政院的批复。复旦何恭彦总务长请民国元老邵力子先生帮助，邵力子向行政院长宋子文提出申请，宋子文批复同意。

4 月 19 日，复旦大学接到教育部通知，派人接收复旦附近的敌伪房产。

这样，复旦土地面积扩大到 330 多亩，接收校外的房屋有庐山村（二层楼房）、徐汇村（平房 29 幢、二层楼房 2 幢）、淞庄（二层楼房 108 幢）及德庄（三层楼房 1 幢）和嘉陵村和筑庄等。7 月 25 日，校长章益偕夫人李伊迪到达上海，入住徐汇村 31、32 号两层小楼，人称“章公馆”（时人常把到“章公馆”串门的教授戏称为“公馆派”）。入住徐汇村的还有周谷城、周予同、箫乾、方令孺、张孟闻、蒋

章益夫妇在徐汇村住宅

天枢、汪东等。住在嘉陵村的有汪静之、李青崖、索天章、朱伯康、曹诚英等。学生宿舍在德庄、筑庄、渝庄和淞庄，后改为教师宿舍，住过不少名教授。赵敏恒、谭其骧、吴斐丹等教授住在筑庄，哲学系严北溟教授家里人多，入住筑庄 24、25 两套房屋。

这些“都市里的村庄”各有来历——“徐汇村”与徐家汇密不可分，复旦大学的诞生地在徐家汇土山湾天主堂附近的天文台旧房子里；“德庄”的名字，是纪念李登辉老校长。抗战时李校长坚持在上海赫德路，以复旦补习部名义办学；“淞庄”是纪念“复旦公学”在吴淞的那段历程；“庐山村”是因当年复旦大学西迁曾在庐山作短暂休整，故命名为“庐山村”；“筑庄”是因复旦曾在贵阳市（简称“筑”）休整，特定名为“筑庄”。“嘉陵村”“渝庄”的命名也是不言而喻。

第二节　建造登辉堂

1946 年 9 月，重庆夏坝复旦大学艰辛的回迁基本结束。这时却发生了一件不幸的事：27 日，劳苦功高的总务长何恭彦教授突然去世了。章益几天前还发电报给他：“上海此次招生费用甚大，超支甚多……夏坝所存之公私物资，尚有几许，是否可全部交轮船运沪，较好之办公桌等木器，请设法运沪。”何恭彦 26 日晚接到报告：“航运单位来函，运输费要涨价 10 倍。”劳累过度的何恭彦一听，血直往头顶上涌，突然倒在地下昏迷不醒，被在场教工紧急送往医院治疗，没抢救过来，第二天去世，时年 48 岁。

总务长何恭彦英年早逝，他早年丧妻，留下一儿一女……章益校长痛哭流涕，他乘当日飞机回重庆办理何恭彦后事，将何恭彦留下的两个孤儿接到上海，住在自己家里，他和贤淑的夫人李伊迪随时照顾。

重庆夏坝复旦大学回迁上海江湾后，校长章益心里松了口气。很快他便转喜为忧，眉头紧蹙，夜里他躺在床上思来想去——沪渝两校合并后，共有文、理、法、商、农五个学院，23个系：中文、外语、史地、新闻、教育、数理、化学、生物、土木工程、法律、政治、经济、社会、会计、银行、统计、合作、农艺、园艺等。统计、茶叶两个专修科，海洋、司法两个组，史地、社会、茶叶三个研究室，以及统计资料室等。投考复旦大学的学生达11616人，录取新生400多人，春秋两季毕业学生共达498人，拥有在校注册学生3692人，教员310人，其中专任教员268人，教授162人，副教授39人。

此时，复旦大学有比过去任何时期都强大的师资队伍，共有

登辉堂

168 位教授，37 名副教授，讲师和助教 109 人。新的江湾复旦大学蔚然壮观，但教室不够用，没有集中考试的场地。复旦有集中考试的传统，1947 年 1 月 15 日《文汇报》曾报道重庆夏坝考场的情景：考生们“集中于礼堂内考试，监考员逡巡全场，教务长挺胸凸肚，立考场中心，如临大敌，手握闹铃，指挥三军……”

而现在学校只能分开考试。没有容纳近 4 千名师生员工校庆的礼堂，建校 41 周年校庆不得不延期到下一年举行，这在复旦校史上前所未有。这么多学生，在哪里集中考试？章益校长思绪如麻，一件事接一件事，他实在太累了。李伊迪十分心疼他，想安慰他几句，又不知说什么好，在身旁默默看着他。窗外的秋月早已西移，章益心里拿定了主意，这才昏昏沉沉进入梦乡。

黎明时分章益早早醒来，李伊迪已准备好稀饭、馒头、油条和小菜。章益洗漱完毕，匆匆吃完早饭，和夫人道别，夹着皮包走出徐汇村寓所家门，匆匆去学校召开校务会。综合校领导们的意见，章益拍板决定：建一幢以李登辉校长之名命名的教学楼房，名为“登辉堂”，上层作为礼堂兼混合考场，下层设教室、阅览室，整幢大楼，能容纳一两千师生。建筑费用初步估算约 4.1 亿元，经费向全国复旦校友募捐筹款，“于募集之前，先由学校垫付。”为解当下燃眉之急，学校“预定明年一月起开始建造，三个月完竣……”

4.1 亿元看去很大，按当时法币计算不算高（当时复旦教授月薪近 50 万元，但花费也大，买一支自来水笔就要 6000 元）。复旦当年办学经费少得可怜，年度可支配经费仅为 5.5 亿多元，拿出 4.1 亿元建筑登辉堂，殊为不易。

章益校长为筹经费呕心沥血，1946 年 10 月 31 日夜，他乘火车来到首都南京（1946 年 5 月 5 日自重庆迁都），想方设法费尽口舌筹款，奔波了一个月。他找复旦校友民国元老于右任、邵力子说项，找在教育部任职的老同事们帮助，找复旦校友们赞助。章益这一个月收获很大，有给钱的，有给钢筋、木材和水泥的，甚至还有给面粉的。最可喜的是他筹得了可观资金："全部建筑费约达 10 亿元以上，现已由该校校长章益设法筹得大部分，并已办妥招标手续，日内即可兴建。"因为通货膨胀、物价飞涨等因素，建造预算从"4.1 亿元"一下子升到"10 亿元以上"。[①]

因为筹款不易，章益对工程开支管理非常严苛，他在与建筑承包商订立工程合同时斤斤计较，字斟句酌，十分严密，在条款中数处标明："包括一切人工材料杂费等项在内，订约后无论物价如何涨落不得变更""工料须正确估计，估定后不得随时加价"。

复旦大学成立了建筑委员会，章益担纲负责。建筑委员会由各领域专家组成，有总务长统计学家芮宝公，法学院院长法律专家张志让，土木工程系主任建筑学家孙绳曾，银行系主任金融学家朱斯煌，文学院长美学理论家伍蠡甫……这些教授专家对于建筑立项、设计、建造、审核等，把关十分严格。复旦大学的其他教授们对登辉堂的建造都很关注，戏剧大家洪深教授，虽不是建筑委员会成员，但他也热心地对登辉堂的舞台制作、灯光设计等提出专业意见。

① 读史老张：《登辉堂诞生：被淡忘的复旦校长日程》，《解放日报》，2018 年 5 月 24 日。

第三节 再聘一批名教授

章益校长为了提高复旦大学的教学质量，扩大复旦大学的知名度，通过各种方式聘任一批名教授来校执教。

据《复旦》学刊报道，1946年9月，最先来复旦任教的有生物学泰斗秉志、法学家陈清华、心理学家谢循初、《大公报》主笔萧乾、莎士比亚研究专家孙大雨，《观察》杂志主编储安平、历史学家周予同等人。

当时复旦名流荟萃，师资力量强大。教授们个个敬业，各有特色。如长期在复旦任教的社会学家应成一教授，他讲课常有独到见解，但略为有点口吃，讲到重难点时，他会绕着讲台边踱步边拍讲台，绕讲台一周，才能讲出深刻而精彩的内容。台下学生们都知道应教授这一特点，每到这时，他们都会全神贯注地等待。抗战时应教授留在“孤岛”上海，在李登辉校长主持的复旦补习部任教。有一天，应教授正围着讲台绕圈时，发现有几个学生向教室外面张望。原来，教室斜对面一幢楼房的阳台上，出现两位打扮时髦的俊俏姑娘，引得那几个学生上课思想开小差。应教授发火了，批评他们：“学生不知亡国恨，隔窗犹看姐妹花！”那几个学生被训得低下头，羞惭不已……

章益校长延聘来的这些教授，大都思想开明进步，培养的复旦学子也大都具有独立自由性格。这与章益秉承李登辉校长的办学思想——思想独立、学术自由有关。复旦大学名教授程沧波在其回忆文章中写道：“复旦学生的独立自由性格，是与学校的先天性有关系。复旦学生有其自己的成败观念，复旦学生不看做大官、发大财的成功。在每个复旦学生内心深处，都有一种讨厌做官的观念。记得做学生时，有一次毕业典礼，学校请一位沪海道道尹来讲演，曾引起学生的大不满，而几致质问学校当局。有一次同学会中有人介绍同学，先介绍官衔，全场嗤之以鼻，当时学生的心理，不是嫌道尹官小，而是根本上讨厌做官的人……”这与学生们痛恨官员腐败误国有关。

独特的校长、独特的教授，培养出独特的学生。

章益校长踌躇满志、雄心勃勃地办教育，不知疲倦地为复旦大学奔波着。

10 月 19 日，他奉国民政府教育部指令，召集上海市国立及私立各大学校长举行会议。11 月 15 日，他赶赴首府南京出席制宪国民大会。12 月 12 日，他与一些国大教育界代表提请政府注意有关教育等重大问题，认为中华民国宪法中应当加入教育专章。12 月 31 日，他主持召开复原后第一次校务会议。为“登辉堂”的建设操心，为物价飞涨、物资缺乏等操心……各种问题纷至沓来，章益校长身上的担子太沉重了。

第四节　艰苦中求发展

时间的脚步不知不觉走进了 1947 年。熟悉的同事和学生们都发现，温文尔雅、性情开朗的章益校长变了，变得神色严峻，不苟言笑，和原先简直判若两人。

1946 年以来，复旦学潮一浪高过一浪。作为国民党中监委和政府委派的国立大学校长，章益需要维护复旦大学的教学秩序，对学生运动要作相应的限制，同时他又要控制和进步学生对着干的学生，还要操心太多的校内事务……他的脾气变大了。积极参加学生运动的复旦学生孟庆远观察到：“他在这段时间，显然因睡眠不足而显得憔悴，他火气很大，经常看到他在和人说话时发火。而我在重庆夏坝时期见到的他，总显得精力过人，对办好复旦大学，充满信心。对比起来，简直判若两人。”①

章益校长心情烦躁“火气很大”的原因，首先是因为复旦大学面临巨大的经济压力。

抗战胜利后，国民党政府接着又发动了内战。1946 到 1947 年间，教育经费只占国家预算的 3.5%，加上 1947 年初的金融风潮，物价不断飙升——以美元兑法币的汇率，1946 年 2 月为 1: 2040，1947 年 2 月已变成 1:12000。国内各大学师生的生活都很窘迫。1947 年 5 月，上海米价已涨到法币一担 30 万元，而大学生每月公费却只有法币 5 万元。每日菜金合法币 750 元，复旦周边小店铺的油条、大饼都涨到每个 200 元，公费学生伙食费每天只够买两根半油条。

1947 年 2 月 10 日《新民报》晚刊报道：“复旦同学咸感恐惧异常”。学生生活窘困至极，教授们也同样苦不堪言。1947 年 4 月 3 日《文汇报》有篇报道醒目标题为《教授生活山穷水尽，不是空言所能慰藉》，报道称：本市国立大学校长急电张院长。计有国立交通大学校长吴保丰、国立复旦大学校长章益等四位校长，于昨日联名急电行政院张院长、教育部朱部长，请求迅速调

---

① 孟庆远《忆章益校长》

整国立大学教职员待遇。谓物价狂涨，教职员生活困苦已达山穷水尽之境，非空言所能慰藉，务恳迅予提高待遇，以维教育。

当时交大、复旦等校学生忍无可忍，展开了“反饥饿反内战”运动。复旦大学和交大两校教师立即举行罢教，支援学生的斗争。校长章益等告知老校长李登辉，李校长表示同情支持，说学生和教员都干得对。当时，李校长的双眼因患白内障，已有些模糊，听力也很差，但他仍关心复旦的学生运动。

1946 年 12 月底，因两名美军士兵强奸北大女生沈崇，全国高校“抗议美军暴行”运动风起云涌，复旦师生也积极参与这一爱国运动。1947 年元旦，方令孺、洪深等 37 名教授发表《正告美国政府的意见书》，支持大学生们的正义行动。

章校长像李登辉校长一样，一向包容爱国学生们。据后来被捕的学生孟庆远回忆：“复旦的抗暴运动十分成功，其中一个很重要的原因，就是章益校长没给我们设置障碍。使我感到章益校长对待学运的态度，和在重庆时相比，有了变化。我们的抗暴会，作为社团在学校登记过，是合法团体。我们罢课的决定，也经学校同意，是合法的行动。这点很重要，这样，我们的罢课游行活动名正言顺，足以减轻校内某某学生企图破坏捣乱的力度。我今天还说不清章益校长所以这样做的原因。比较合理的解释是：章益校长年轻时，曾参加过学生的爱国运动，并被学校开除过。后来在学校执教时，也曾参加过教授们的民主进步活动，并曾任大教联的委员，对抗议美军暴行的学生运动，持一种爱国正义的同情态度。同时，由于抗暴运动，看起来似乎事发突然，实际上是抗战胜利后，中国人民对在华美军的太上皇姿态和肆意横行极端不满的必然爆发。而当时国民党当局一时还没推出统一的镇压措施，这使章益校长也有自主对待的余地”。[①]

但国民党政府很快便对复旦层层施压。作为一校之长，章益既要保护进步师生不被军警逮捕，又要担心已筹建造登辉堂的款项沦为废纸，还要向当局呼吁增拨经费。他心情烦躁，进退两难，几次想要辞职，复旦师生均“竭诚挽留”。

令章益感到欣慰的是，在内忧外困时，1947 年 2 月 13 日，“登辉堂”开始在学生第一宿舍旧址上兴建。3 月 10 日上午，复旦校园举行了隆重的奠基典礼。老校长李登辉拄着拐杖前来参加典礼，章益校长谦恭地陪在他身旁。《新民晚报》一位记者前来采访，章益向老校长介绍说：“他是校友，是记者。”

李登辉校长对记者说：“噢，那你应该永远诚实，说老实话。”

章益感到，老校长这话是对记者说的，也是对自己提出的要求。

第五节　学生运动迭起

国民党发动内战期间，学潮迭起。1947 年元旦清晨，上海全市举行抗议美军暴行的游行示威。复旦大学 1000 多学生，以“中国不是美国的殖民地”的巨大横幅为前导，从虹口公园经四川北路前往外滩公园，他们沿路高喊：“反对美军暴行”“美国兵滚回去”等口号。下午，游行队伍在外滩公园与 10 所大专学校、16 所中等学

① 孟庆远：《忆章益校长》，转引自薛明扬、杨家润主编《复旦杂忆》，复旦大学出版社 2005 年 9 月第 1 版，第 308 页。

校学生汇合后共万余人，浩浩荡荡地沿南京路向市中心行进，游行示威。

马寅初等许多教授走在游行队伍中。成千上万的市民们围观。

元月 3 日，复旦大学 20 多位教授致函美国大使司徒雷登，严正抗议驻华美军的暴行。元月 4 日，复旦大学 37 位教授在《文汇报》发表《正告美国政府意见书》，揭露美国视中国为半殖民地的事实，肯定了中国学生的抗暴行动，“按之正义与政治上之需要，均甚正确，应予声援”。这些教授是：周谷城、张志让、洪深、方令孺、章靳以、马寅初、楚图南、漆琪生、张明养、陈子展、潘振亚、沈体兰、卢于道、郑太朴、吴剑岚、吴文祺、张孟闻等人。

这场轰轰烈烈的抗议驻华美军暴行运动，持续到 1947 年 3 月上旬。

1947 年 3 月，国民党政府在北平市实行大逮捕，逮捕了 2000 多名市民、教师和学生。上海市 66 位大学教授（复旦大学张志让等 39 位），抗议军警非法捕人，发表《保障人权宣言》并在《宣言》上签名。

复旦大学的学生们也在“抗暴联”的领导下，积极参加这场抗议活动。

1949 年 3 月 29 日，国民党胡宗南部队占领延安，上海市政府宣布“抗暴联”为非法组织。复旦大学“三青联”书记苏长庚扬言，要把复旦大学变为“反共的堡垒、灭共的基地”。为了适应形势发展，取得领导学生的合法权利，进步学生决定参加学生自治会执委的竞选，争取把学生自治会领导权，从“三青团”学生手中夺过来。5 月 9 日，进步学生组成“五院联合竞选团”，“三青团”学生组成“不谈政治竞选团”，双方展开了激烈的竞选活动。

“五院联合竞选团”提出的竞选纲领是：争取同学福利，维护复旦大学光荣，提高学术研究质量，不作政争工具，促进校内自由，保证经济公开。他们还编排节目、歌舞剧，张贴竞选人大幅画像和小传进行宣传。“不谈政治竞选团”原想以不谈政治来争取中立同学，但立即被“五院联合竞选团”学生反击：“什么不谈政治，其实是只准他们谈政治，不准我们谈政治罢了”。“不谈政治竞选团”也有竞选人画像、壁报和油印报还有广播，但内容和形势和对手相比差多了。

“不谈政治竞选团”连出招数：用请客和送礼的方法拉票；攻击对方，说他们得到了民盟500万的津贴。对此，“五院联合竞选团”公布了募捐来的全部账目，“不谈政治竞选团”无话可说了。他们为扭转劣势使出杀手锏，攻击对方候选人袁永宝是“李先念的残部”，是“政治部主任”，“共产党派来的”等等。

袁永宝立即站出来向在场学生说明：“我在重庆时因生病按规定向学校申请休学，后来病好了，我又按规定来上海办理复学手续，这在学校都是有案可查的。现在为了竞选，他们竟如此对我做人身攻击，我要求学校保障我的人身安全。”

为免遭不测，袁永宝不得不离开复旦，他离校前发表了《给全校同学的公开信》，说明了事情的经过。“不谈政治竞选团”这一毒招，并没能挽回败局。“五院联合竞选团”以绝对优势胜出，17名候选人有16名当选，而“不谈政治竞选团”只有1人当选。自此，复旦学生自治会便掌握在进步学生手中，领导复旦学生们参加一次次学潮，令当局和学校感到头疼。

第七章 ‖ 尴尬斡旋　数次请辞

第一节　“国权路事件”

1947 年后国统区经济凋敝，物价飞涨，民不聊生。蒋介石政府把财政支出用于内战经费，教育经费严重匮乏，学校师生们食不果腹。1947 年 5 月，南京中央大学发起反饥饿运动，并扩展到全国 60 多个大中城市学生“反饥饿、反内战、反迫害”的爱国民主运动，得到了社会各界广泛的支持。

复旦中共地下党学生也组织积极联络同学们参与罢课。5 月 18 日，复旦大学选出 5 名同学作为“联合晋京请愿代表团”代表，去南京向国民党政府请愿。19 日，章益校长召集学生训话，他说：“你们要求增加经费，改善待遇，动机极为合理，但须循正当途径向当局提出要求。”他要求学生们从 20 日起一律复课。

5 月 20 日，南京、上海及苏杭地区 16 所大专院校学生 6000 人组成请愿团，在首府南京举行示威游行，提出“挽救教育危机”等五项要求，游行队伍遭到军警的镇压，有 100 多名学生被铁棍、木棒和皮鞭打伤，20 多人被捕，19 人受重伤，这就是震惊全国的“五二・〇”惨案……

5月23日，由复旦大学学生会组织，1000多名愤怒的学生们在子彬院101大教室召开大会，听取赴南京请愿的学生代表汪汉民汇报血案经过。汪汉民的话还没说完，在场的两个“三青团”学生站起来和他辩论，两人被气愤的学生们轰出会场。有个学生用伞打了其中一个“三青团”学生的头，致其头皮擦破流血。两个“三青团”学生跑到院里大喊大叫，要警察赶快出来抓打人凶手。

“三青团”学生们领着警察前来，在傍晚散会时，和警察一起堵住101教室的门口。被堵在101大教室内的大都是复旦学运的骨干分子，有中共地下党学生，也有非党积极分子。大家商量决定：一、派聂崇彬等人找章益校长，请他保障他们的安全；二、要堵在教室门口的“三青团”学生们派代表进教室谈判。双方代表在教室内谈判结束后，聂崇彬等学生从校长办公室回来，转达章校长的话：“这次警察包围学校，是有人打电话报警的，他不知情。这批人曾来找过我，要我放军警到校内抓打人凶手，我问他们有没有政府公文，他们说，没有。我就回答他们，无政府公文，我不能放军警进入学校。至于有人在校内打人的事，我一定会调查处理的。”

“三青团”学生头目把章益请到现场，要求校长处理打人凶手。章益铁青着脸问在场学生：“这两个学生是不是你们打的？”学生们都否认是自己打的，章益问这两个学生是怎么受伤的？学生们说这是他们捣乱会场的苦肉计。这时，场外的“三青团”学生不停地高喊：“是他们打的人！”“开除打人凶手！”

“你们这么吵闹，我无法处理！”章益愤愤地说。“三青团”学生头目见状，向章益建议，让他们去请治安和司法机关来校处理。章益严厉地对他说：“好吧。但是我警告你，非校内师生不准任何人进入校门，治安机关的人没得到我的允许，也在此例。同时，不许在学校捕捉任何人，这是民主国家，你知道吗？”

“三青团”学生当晚请来警察，在学生回宿舍的路上设下埋伏，抓住5个有打人嫌疑的学生。“三青团”学生担心章益会保释5名被抓学生，第二天一早便赶到校长办公室，向章益诉说他们被打的经过，章益说：“这件事，作为校长，我很抱歉，对不起你们！打人是不对的，我不保他们几个出来。”但张志让等民主教授和地下党学生们强烈要求学校保释被捕的5名学生。

章益召开临时校务会议，决定“从速照常上课”，请各院系教授们多方劝导学生；被捕学生，学校会尽力设法保释；学校发生的一切打人事件，均应依照校规严肃处理；发生纷扰，学生不得擅召军警。

5月26日，张志让等教授找上海市长吴国桢，就释放被捕学生事进行交涉，5名被捕学生被释放。章益用校车亲自接他们回校，部分学生在校门口放鞭炮，并高喊口号：“欢迎光荣归来的英雄！”“章校长万岁！”“三青团”学生十分恼火，认为被章益校长和校方耍了，他们不肯善罢甘休。

5月26号，学生们在子彬院为被释放的同学举行欢迎会，直到晚上十点半左右才散会，整队集体回宿舍。他们走出校门，回宿舍走在黑乎乎的国权路上，这时路灯全灭了。突然，他们听到一声枪响，事先埋伏在国权路两旁黑暗田野里的大批打手，拿着带铁钉的木棒、铁条和空啤酒瓶，对手无寸铁的学生们大打出手。很多学生在奔跑中摔倒在地，被打手们用木棒、铁条和啤酒瓶猛打，30

多名学生被打伤，复旦反饥饿反内战学生会主席张希文被打得头破血流。

学生们面对突如其来的偷袭奋起自卫，当场抓住了指挥这场偷袭的苏长庚和另外两名打手。这时一批军警跑过来，拔枪阻止了自卫还击的学生们，打手们趁机溜走了。此时，章益校长和院系主任闻讯赶来，立即派人叫来汽车，把5位受重伤的学生送到医院去救治，让人把苏长庚等3人送交给司法机关关押。第二天，市长吴国桢以“证据不足”，放掉了苏长庚等3人。

复旦地下党方面的学生愤怒了，5月27日下午，学生自治会召开紧急会议作出决议，罢课抗议国权路血案。全校罢课罢教，很多人认为这一切是校长章益所为，是他和“三青团”学生共演的一幕双簧剧，毫不留情地责怪他：“校长应该对此负责！”

章益陷入尴尬和痛苦之中，5月29日，他又一次向教育部递交辞职书：“……此次学潮波及本校，校长日夜全力处理，劝导学生，原期早已恢复常态，只以意外事件屡起，阻碍横生，深感应付困难，除已于二十七日急电钧部，恳请辞职处理外，合再行缕陈，并析迅赐遴员接替为祷，谨呈。”

孙绳曾等131位教授致电教育部，请求予以挽留，章益感动流泪。然而，继续担任复旦校长，又困难重重：学潮不断，经费拮据，师生穷困不堪，登辉堂还没建好……这都是章益要操心的事，却没料到，更严重的事又发生了。

第二节　“五三〇”大逮捕

1947 年 5 月 29 日晚 10 点半，国民党政府上海市长吴国桢，召集上海市各专科以上学校校长谈话，复旦大学章益校长参加。吴国桢在会上宣布，要于当夜在全市抓捕学生中的“共党分子”。但准备逮捕的人数和哪些人，会上始终没有透露。章益和参会校长们“一致要求吴市长暂缓执行”，但吴市长不同意。会议一直商讨到深夜两点半才结束，章益回到家时已是 3 点多了。

5 月 30 日凌晨 4 时 45 分，军警们包围封锁了复旦大学，校园内外到处都是便衣特务，校门和校内通道口、淞庄、德庄和女生宿舍门口，都被荷枪实弹的军警们控制住。一群便衣闯进女生宿舍，抓走了“共党分子”鲍静佩。德庄男生宿舍聂崇彬住的 147 室，被军警特务翻箱倒柜，反复搜查……

与此同时，淞沪警备司令部派两名军官，持公函来到徐汇村章益寓所，章益校长立即请洪深、伍蠡甫、严家显、李炳焕、应成一、孙绳曾、芮宝公 7 位教授，到他家里商量对策。7 位教授到齐，章益当众拆开警备部来函，内容是：孟庆远等 16 名学生为中共党员，“阴谋煽动，危害治安，应予依法拘办……”，章益和 7 位教授一致请求暂缓执行，由学校负责看管。

但警备司令部队长不同意，要求全校学生集合排队，以便对照片进行指认，这遭到章益和 7 位教授严词拒绝。两名军官要求学校协助逮捕学生项霸，说从他床下搜到一枚手榴弹，并有其他文件，要学校配合逮捕他，被章益校长拒绝。章益当场打电话给吴国桢，表明他们的态度，要求暂缓执行，未获允许。

警备司令部队长要求搜查章益住宅，听说有名单上的学生藏在他家，章益不好拒绝，带他们到他家搜查，并没发现什么。该队长又“听说”有嫌疑学生藏在洪深教授住宅内，在洪深家带走孟庆远、聂崇彬、沈关兴3位学生……11位被捕学生被押在囚车上，这时天已蒙蒙亮，章益校长进入囚车，宣读警备司令部的逮捕令。囚车开走前，章益让总务长芮宝公临时购买了面包、蛋糕等食品送到囚车上……洪深教授也来到囚车旁，激动地大声说：“请同学们相信我，我一定尽全力营救你们！”后来，孟庆远在他的回忆文章中写道:（章益校长）宣读时流出眼泪。当时，我和其他被捕同学一样，认为他是“猫哭老鼠假慈悲”，现在回想起来，是未能理解章益校长当时的复杂心境——他不愿看到在他的校长任上，有学生在学校内被捕，但作为国民党委派的校长，又不能违抗逮捕命令。当着他的面把学生抓走，他十分痛心。

当时，还有一种说法：5月29日夜，吴国桢市长召开上海市专科以上学校校长会议，交大校长吴宝丰得到逮捕学生名单后，立即通知学生中的“共党分子”，让他们离校躲藏起来。所以，交大名单上的“共党分子”没有一个在校内被抓，但复旦章益校长却没这样做。后来，孟庆远问过交大这些学生中的一位女学生，她说是5月29日白天接到通知的，并不是吴宝丰校长通知的，而是另外人所为。如果是吴校长深夜通知的，军警已包围了交大校园，想跑也跑不了。何况，29日夜里的会议上，吴国桢市长担心在场校长们透露消息，会上并没宣布逮捕学生名单（《复旦大学志》），可见传说与事实不符。

这次大逮捕震动了复旦校园，激起了复旦师生们的强烈抗议。5

月30日下午，章益立即主持召开营救被捕学生临时紧急会议，通过四项决议营救被捕学生。教授们当天在寒冰馆三楼大教室开会，张志让主持会议，教授们纷纷谴责军警在复旦校园里的暴行。第二天，陈望道、周谷城、洪深、陈子展、钱崇澍、张定夫、吴剑岚、夏炎德、吕文玉等99位教授联名发表罢教宣言，按当时法律条文对凶手予以指控。教授们为了营救学生到处奔波。

大逮捕激起了社会公愤。复旦校友江一平、端木恺、张丰胄、奚玉书十分关心母校，找吴国桢市长，要求早日释放被捕学生。6月10日，市长吴国桢陪同学生家长及各大学校长们，赶赴羁押处探视被捕学生，章益校长同往探视。6月13日章益主持召开“营救被捕学生谈话会”，探讨交涉和探望被捕学生事宜。陈子展、张志让、李炳焕、陈望道、伍蠡甫、严家显等12位知名教授出席会议，会议讨论了如何与同学会协调，如何与市政府接洽。会议决定，由教务长、总务长、训导长及陈子展、陈望道等教授陪同章益校长前往探视本校被捕学生。大逮捕事后，教育部传达蒋总裁命令叫章益去听候处分。有人向蒋总裁建议，不能操之过急，蒋才改变主意没查办。“被捕学生后来由我保释出来。关于解聘教授，我以辞职抵制，教育部也是色厉内荏，松了下来；我商请两位最著名的民主人士辞去院长、系主任名义，专任教授，事情算是应付过去。”（《章益自传》）

这段时间章益心情沉重，唯一值得欣慰的是：6月23日，登辉堂竣工了。章益带领登辉堂工程验收人员在《验收证明书》上签下验收意见。工程总计用款为7.42亿元。“这在物价飞涨的当年，简直就是一个奇迹！”署名“读史老张”的作者在《登辉堂诞生：被淡忘的复旦校长日程》一文中赞叹："现在已很少有人知道，当年建造'登辉堂'，一位复旦校长为之呕心沥血，倾尽了全力——他就是章益先生。"[①] 文章详细叙述了登辉堂的诞生过程，章益校长在其中的艰苦付出，以及名教授们发挥的作用：复旦名教授才是真正的"工程监理"。

如今，"登辉堂"已改为"相辉堂"——以纪念复旦大学的创始人马相伯先生和为复旦的生存与发展做出杰出贡献的李登辉两位校长。复旦大学的这座殿堂，见证了复旦几十年的风雨历程，被誉为"复旦人的精神殿堂"。

第三节　李登辉校长病逝

公道自在人心。1947 年 6 月 25 日，复旦校友会设宴宴请章益校长及复旦各院系教授，表示慰留章益之意，希望他打消辞意。

6 月 26 日，复旦大学在登辉堂举办复校后的首次毕业典礼，校长章益担任主席并致词："复旦大学成立迄今已四十二年，向以服务、合作、牺牲为校训，贡献于社会。今后当本此精神，继续为学校前途谋发展。"

1947 年 7 月 5 日，在复旦大学沪渝两校合并后的第一次毕业典礼上，年迈的李登辉老校长提出"复旦精神"，他语重心长地对毕业生们说："你们现在穿的是学士制服，你们从现在起，应当是一个有学问的人，应当从此对国家有所贡献。一个大学毕业

① 2018 年 5 月 24 日《解放日报》

生，应当为社会服务，为人类牺牲”“特别是在中国，我们还需要团结。全体人民的团结，中国才有希望”。

“服务、牺牲、团结”，就是复旦精神。李老校长淡泊名利，怀着“教育救国”的信念，为了复旦的生存和发展，倾注了毕生的心血。

1947 年 7 月 30 日晚，李校长突然在海格路（今华山路）寓所中风，被家人送医院治疗。出院后在家卧病三个多月。他住在这处旧式房子的底层，屋里陈设简朴。两个侄儿李贤治、李贤政和他住在一起（李登辉有一胞弟李登山，在雅加达经商，生有二子贤治、贤政，都就读于复旦。李贤治学会计专业）。他的得意门生章益多次来看望他，安慰他。他的好友和复旦师生颜惠庆、邵力子、陈望道、张志让等人也多次来看望他。

1947 年 11 月 19 日下午，复旦大学老校长李登辉病情加重，与世长辞，享年 75 岁。在场有他的两个侄儿，还有他的好友梅立德夫人和门生章益、金通尹、程沧波、赵世洵等人。他们当即成立治丧委员会，于右任、邵力子分任正副主任委员，章益等百余人为委员。

11 月 21 日，在上海万国殡仪馆为李登辉举行大殓仪式，灵前正中，摆放着蒋中正与夫人合送的大花圈，上书“登辉博士荣召。中正美龄同挽”。

复旦老校董邵力子、颜惠庆、钱新之、王宠惠、王正廷等及上海各大学校长参加殓典。国民党立法院长孙科、上海市长吴国桢、市参议会议长潘公展等中外各界名流及教育界人士、复旦大学、复旦附中、复旦实验中学师生校友，共有 3000 多人送别李登辉先生。

复旦大学校董颜惠庆致悼词，他高度评价了李登辉的一生。他说：“李氏终身从事教育有三个原因，一是因为他是华侨，在国外深感华侨备受压迫的痛苦。二是百年前‘耶鲁大学’第一个中国毕业生容闳回国后，建议李鸿章‘教育救国’，主张选派学生出国留学（中国第一批官费生120名，就是由容闳率领出洋的）。李先生受他‘教育救国论’的影响很大，但主张在国内多办大学，不必大批地出洋留学。三是李先生回国时严复在青年会讲《天演论》，南洋公学及爱国学社也都在主张维新改革。他受了时代环境的影响，就决心终身办学了。”

复旦校董民国元老邵力子讲话说：“李先生爱国爱民，在清代主张赶办教育，提倡科学。当日本帝国主义侵略东北时，即主张团结牺牲，抗日救国，带头捐输整月的薪资支援东北义勇军。抗战胜利后，他老人家又主张和平，临终前还期望祖国和平统一，繁荣富强，这正是‘爱国家爱人民’时代精神的表现。李先生虽然离开了我们，但他的精神永远不会离开我们。”

12月21日，天空阴云低垂，微雨清冷。复旦大学在登辉堂为李登辉举行隆重的追悼会，来自全国各地及伦敦、纽约、巴黎、旧金山、檀香山、芝加哥、雅加达、新加坡、香港等地的复旦同学达2000余人。遗体安葬那一天，有近百人到达墓地。跟了他几十年的中文秘书季英伯和他的老跟班徐福都赶来了。他的衣钵传人章益频频拭泪，他最早栽培的门生金通尹和郭云观都十分伤感……章益校长代表复旦大、中学职员致悼词：李登辉一生的性格，可用“严格认真，宽容豁达”八个字来概括，章益表示将“纲承李氏精神，发展校务”……

李登辉老校长去世后，陆续去殡仪馆悲痛吊唁的有5000多人。海内外各地唁电悼词如雪片般飞来，治丧处几天几夜才整理完毕……

李登辉先生去世到2005年复旦百年校庆，已过了57年。2005年5月1日，复旦大学出版社出版了《李登辉传》，作者是复旦大学校史研究室主任钱益民博士。钱益民博士不无遗憾，遗憾的是直到复旦百年华诞之际，才让李登辉“姗姗来迟”，因为传记的执笔者已不可能是李校长亲自培养的弟子门生，那些曾得到他教诲和恩泽的人们早已不在人世，传记本该由他们完成。但李登辉先生得到他同代人的高度评价：“在中国近代教育史上，蔡孑民先生在北方首先树立思想自由的学风，而在南方，则复旦大学一直保持思想自由传统者，是先生最大的功劳。”

第四节　保护营救师生

上海的冬天阴冷潮湿，天空灰蒙蒙的。一片片黄叶从翔殷路旁的树上飘零。李登辉校长病逝后，章益长久地沉浸于缅怀之中。他作为李登辉衣钵传人，并未辜负恩师的期望，为了复旦的发展壮大，呕心沥血，废寝忘食，不遗余力。章益自担任校长以来，一方面在学校营造民主进步和宽松的学习氛围，另一方面，针对一波又一波的学潮和国民党政府的镇压，对学校进步师生进行了各种形式的保护和营救，这与李登辉校长对他的影响有关，当年他因参加五四运动被学校开除，李校长支持他考入复旦。

1948年1月5日，章益、程天放等10余位参与五四运动组织上海学联的留沪人士，再度聚首，共话当年。五四精神一直影响着他们。1 月 17 日，上海市公私立专科以上学校 30 余位校长，出席本市奖学金统一审核委员会，推请章益等 7 名校长负责起草联合宣言，抗议英国政府在香港制造的“九龙城事件”。5 月 31 日，章益等 338 名上海专科以上校长联名致函美国总统杜鲁门及国务卿马歇尔，反对美国扶植日本，并通函全国教育界征求意见。

1948 年 2 月 2 日，由于参加同济大学“一・二九”学潮，复旦大学 22 名学生被捕，章益校长将他们全部领回。章益的老乡教育部次长杭立武，召集章益等 17 位大学校长座谈，他们学校都有学生参加同济学潮被捕。4 月 18 日，章益校长主持复旦校务会议，报告了校方对学潮的处置经过。为防止继续发生学潮，校领导们经详细研讨达成三项意见：一、在学生酝酿罢课期间，教授应不受其影响而照常到校上课；二、没经训导处许可，张贴足以引起事端之各项宣传文件，非训导处人员，任何学生不得撕毁，以免因此引起借口发生纷扰；三、对于学生，校方应尽保护责任，惟遇有嫌疑案之学生，军警宪机关，非有正式公文手续或法院正式拘票，校方须拒绝其拘捕。

解放前复旦大学学生、中共地下党员、现任山东大学哲学系副教授的杨贵昌（右）当年曾在校外的一茶馆里突然被捕，章老得知后亲自具保才得以释放。图为师生二人在亲切交谈。 侯新建摄

便衣特务和军警时不时干扰复旦

校园。4月23日，又有不明身份人员进校园非法搜查。500多位复旦学生为抗议，23日宣告罢课两天。学校电告出席国民大会的校长章益立即返校处理。章益当天返校，在自家客厅里和各部门负责人及有关院系主任商议，听取事件发生经过报告，决定通知全校教职员工，遵照校行政会议决定，在学生酝酿罢课或局部罢课期间，教授仍到校上课。

4月26日，章益和两名学生代表见面，答复罢课学生所提各项要求：一、关于要求抗议便衣人员非法搜查学生杨贵昌事件，校方已函请市政府彻查，在没查明抗议对象前，望同学们安心上课。二、学生自治会改选，必须遵照教育部订颁规章办理。三、各系科代表大会为非法组织，教育部不许成立，校方自不能予以承认。

作为复旦校长，章益的主要目标是致力于培养一流学生。6月2—10日，根据新公布的上海市高中毕业班指导办法，上海市教育局组织了101所中学5342名学生，延聘章益等在沪11所大学校长担任讲师，为高中毕业班学生进行升学指导。章益以《比中华民国大七岁的复旦大学》为题，向全市高中毕业生介绍了复旦的情况。他首先讨论了大学学校和学生的两个共同目的：第一是为了“造就一批有兴趣愿意研究高深学术的人才”，第二是“培养专门的人才，使得毕业后有个专长”。他介绍了作为上海四所国立大学之一的复旦大学办学历史、校文理法商农院系设置的概况以及收费与校园生活。章益还为学生选择专业给出了指导建议，提醒中学生们投考时“不要妄费心思请有面子的人写介绍信”，他明确表示，在招生时会将介绍信放入另一抽屉封存，最后只凭成绩录取学生：“无论是给我，给教务长，给院长，给系主任的信，都

1948 年春，复旦师长及全体毕业生纪念照

没有用，你们不要白费力气。”①

章益做客上海国民教育实验区空中教育讲座，讲座题为《我是怎样求学的》，他回忆自己就读圣约翰附中与去美国求学的历程时提到了三件事，第一件是 1915 年初入圣约翰附中时，因为从安徽滁县来到上海，言语不通，被取笑为“小江北”。又因买不到英文原版课本，回答不出问题，学业受困；第二件是因为口吃的毛病，很长一段时间受到同学们嘲笑。他按一份杂志上治疗口吃的偏方，坚持去做，治好了口吃，后来坚持在五四学生运动中在人前演讲。第三件事则是他决定去美国留学时遇到经济、政策及鲁直战争的重重阻力。由于一心求学，这些困难都克服了，最后成功申请了华盛顿大学奖学金。他总结自己的经验与感受时说：“我们无论做什么事，总免不了有阻碍，但也总有办法可以打破这个阻碍，所谓‘有志者事竟成’，如以我的口吃，环境不

① 《上海教育》，1948 年第 5 卷第 11—12 期，第 10~12 页。

痛快，到了美国钱不够等情形，要是我没有决心去打破，不能利用这一机会，我都将半途而废。”①

他在汉口《教育通讯》第7期发表了《追慕腾飞夫子》一文，在文中他深情回忆恩师李登辉对自己的知遇之恩与栽培之情，赞赏李登辉先生关心国事、淡泊名利、热衷教育，对宗教无比虔诚。他提及自己正是在李登辉的影响下，才前往美国留学，专攻教育学与心理学，继而回国创办教育系，走上了教育之路。

章益校长以充沛的精力抓教育搞教研，他挤出时间写文章，还要考虑短缺的办学经费问题。他觉得教育部分发经费不公平。8月份，教育部增发全国各大学临时经费，复旦为倒数第二位，学校经费日益困难。复旦要求增设历史和生物两大研究所与工商管理、农业、化学三系，教育部不允许。章益感到消沉失望，再一次向教育部提出辞呈。章益递交请辞后，复旦各院系主任闻讯全都签名，请他留任。教育部也回电挽留，承诺重新商讨复旦的经费问题。

章益上任后为复旦的贡献，有目共睹。8月18日，复旦校友奚玉书、江一平、程沧波、胡健中、端木恺等多人联名，电请教育部挽留章益校长并解决复旦经费问题。两天后教育部回复，依照新标准重新调整复旦经常费与临时费，同意增加生物化学、农业研究所、商业管理三个系。章益才收回他的辞呈。

恐怖氛围再次笼罩着复旦大学校园。8月27日深夜，国民党上海市当局对全市32所大中学校展开大逮捕。凌晨4点左右，市

① 《读书通讯》1948年第161期，第9~10页。

警察总局军警携带特刑庭拘传票来到复旦校园，逮捕所谓“匪谍”，“拘传34名学生”。章益校长认为传票不能拘人，可由校方派员会同到案应讯。军警出示传票上有随票带案字样，带走了刘宗俊、黄光潮等7名被认为是“匪谍”的学生。经章益校长多次交涉，先后交保释放。当时被捕学生杨贵昌后来回忆：“二十多年后，在‘文革’期间，从上海敌伪档案中查出，他（陈望道）和章益为我写了保证书，证明‘旦声合唱团’是复旦大学合法社团，杨贵昌品学兼优，应无罪释放。”

第五节　“动辄得咎”

1948年秋季以来，国民党部队在战场上节节败退，国统区经济崩溃，政局紊乱，败局已定。复旦大学和各高校一样，学校经费支绌，教职员工和学生们生活十分困苦，进入冬天后饥寒交迫。他们的心情和灰暗的天空一样郁闷。

1949年元月4日，上海市公私立专科以上学校为解决燃料困难，推举复旦校长章益等4人开会协商，派人前往金华采购柴炭。元月6日，由于公教人员的待遇太低，上海市章益等8位国立大学校长联名致电教育部请求辞职，电文如下：“南京教育部钧鉴：沪区国立各校院，前以教职员待遇菲薄，生活困苦，学生公费过微，无法维持伙食，经常费万分支绌，远不敷实际开支，曾经呈请钧部迅予救济在案，迄今已多日，未蒙指示。现届年度开始，而卅八年元月份生活补助费尚未奉拨发，近月以来，沪市各公用事业价格有增无已，其他物价亦见步增，以全月之经常费尚不够水电燃料任何一项之开支，教授员工同学之生活更濒于冻馁，之卓[①]等忝主校务，目睹同人枵腹从公，学生难以饱食，毫无救济之策，深感惭惶。值此国步艰难，之卓等本不敢临难苟免，但到此绝境，实无颜恋栈，用敢续电上陈，敬祈准予辞职，迅即另简贤能接替，不胜迫切待命之至。国立交通大学，国立复旦大学，国立暨南大学，国立同济大学，国立上海医学院，国立上海商学院，国立上海音乐专科学校，国立吴淞商船专科学校校长同叩。”

作为复旦校长，章益惦念着被警察抓去的每一位学生。1月21日，他前往蓬莱路警察局拘留所，探视绝食的被押学生，和警方交涉。1月22日，章益等12位校长共同去上海市政府找吴国桢市长，要求释放被关押在蓬莱路警局的19名学生，早日依法结案。1月24日，上海市专科以上学校联合会召开会议，章益担任会议主席，会上讨论了三项议程——讨论各校长积极交涉要求释放被关押学生问题，决定各校长前往警备司令部提出交涉，促请驻军撤离学校，以免影响开学；决定给予清华大学南下学生开学便利。

经章益校长和上海其他校长们的努力，2月2日，联合国教科文组织向上海市各大学赠与金圆，复旦大学得175000元。2月27日，400多名复旦自费生因物价飞涨无力缴纳费用，向校方要求改为全公费生。2月底，章益等12名上海市高校校长抵达南京请愿，要求改善教职员待遇及增加经费问题。

复旦学生开会欢送章益校长去南京，并托他转交上海七个国立院校学生团体致李宗仁代总统的联名上书，要求全体学生一律

① 之卓：上海交通大学校长王之卓。

享有公费待遇。李宗仁当日在官邸接见各校长，承诺交由行政院办理部分事项。行政院经研究，最终同意按照500倍标准，紧急拨付3个月救急费用及3个月储粮费用。

为了促成政府答复的要求，3月16日，复旦800多名同学前往上海各大学，宣传其要求政府答复学生享有全部公费待遇、教职员工待遇按底薪乘生活指数计算、增加学校经常费用三项内容。章益、陈望道等教授随学生队伍一起前往同济大学，他们被警备司令部警车包围。章益和同济教授上前交涉，警车后撤……

承受巨大压力的章益身心憔悴，夜不能寐，思绪万千——在重庆夏坝时期，没有发生重大的难以处置的事件。他的时间和精力主要用在筹建校舍、招聘教师。复旦渝校迁回上海江湾，正值国民党政府撕毁政协协议，酝酿内战，学运迭起，聘请来的一些教授和他作对，不时罢教，作为学校行政负责人，他感到处境尴尬、动辄得咎之苦。……他的思想是以维护学校的存在为前提，不免行动软弱。复旦进步师生们是宁为玉碎、不为瓦全，他则是但求瓦全。他觉得愧对师生们。

校内“三青团”学生也对他施加压力。那次他保出被捕的学生，一起回校，校内学生们热烈欢迎被捕同学，“三青团”学生则跑进他办公室大喊大叫……

教育部派但参事来上海，想改组复旦大学，但犹豫不决没敢下手。但参事为显威风，当着部分教师的面指责他：“总裁最讨厌的就是你章某这种人。”蒋委员长不满他，教育部不满他，上报增设学科的报告不批复，教育经费发放不公平。章益心灰意冷，他的理念、人格和意志力都受到考验，尽管他对复旦充满感情，但他不想再干下去，他的家人也希望他辞职……

4 月 14 日，章益再次向教育部提出辞呈，他接受记者采访时表示：“渠之辞职纯因健康情形欠佳，自卅二年主持校务迄今已六年余，寒暑假期均无休息，至今倍感劳倦，亟须摆脱休养，渠即日起不拟到校办公。”

复旦大学多数教职员工都恳切地挽留章益，学生们也纷纷签名请求他留任。这些师生们理解章校长的不易——当时复旦学运领导人之一孟庆远回忆：“从抗暴运动到五月学运，我参加了复旦学运的全过程，作为一个历史见证人，就我所见而言，说章校长不支持，甚至企图限制学运，是符合实际的，但说他参加了镇压学运，则是我所未尝见的。他虽不支持学运，当学生被捕后，公安部门通知学校，可以释放学生时，他还是尽了一个校长的职责，亲自去接学生回校。一次是 1947 年‘五・二三’被捕的五位同学，是他取保并接回学校；另一次是 1948 年同济事件中复旦被捕学生二十余人，释放时他亲自去公安部门，并用一辆大车把他们接回学校后，通知家长，把学生一一接回家去。”

复旦校外知名校友们也联合上书，教育部只得再次挽留章益继续任职。

第八章 ‖ 解危救困 护校拒迁

第一节 最后的抉择

1949年，复旦大学校长章益面临无可回避的历史抉择。

国民党部队在辽沈、平津、淮海三大战役中全军覆没，蒋家王朝的垮台指日可待。3年多来国民党政府寄希望于第三次世界大战爆发，希望美国干涉中国内战，希望美国更大量地提供军援和物资以挽回他们的败局。美国一些报刊发布舆论，建议向中国派遣“军事计划军官”，对中国“要担负起军事和政治上的重大责任”。然而，蒋介石有拥有美式装备、接受过美式训练的400万军队，被人民解放军打得丢盔弃甲溃不成军。拥有世界上最强大的陆海空军及20万驻华美军的美国，基于国际形势不敢悍然干涉中国内政。当从美国传出要从中国撤军、撤侨时，蒋介石政府的梦幻破灭了。国民党大势已去，前方大崩溃，后方大混乱……

面临何去何从的历史关头，章益的内心十分复杂，他夜不能寐，前思后想……

大多数复旦教授的思想态度，章益很清楚，他们对国民党当局彻底失望了，盼望新政权来领导国家，他们是不可能随国民党去台湾的。他到底去不去台湾呢？如果他和家人留在大陆，靠他教书做学问，会有一口饭吃的。但他又想，他作为国民党中监委和政府委派的国立复旦大学校长，为了维持复旦的秩序，对国民党政府妥协过。虽然他保护和营救过在学运中被捕的师生，但他也限制过学生运动。如果留在大陆，中共新政权对他和家人会怎样呢？然而，如果把复旦迁往孤岛台湾，学校的前途不可设想。他感到困惑和迷惘。

形势急转直下。据 2014 年《复旦兰台》创刊号上一篇署名陈启明的文章《上海解放，复旦新生》叙述：溃败的国民党被迫向台湾撤退前，除了将大陆的黄金白银、珍贵文物等运去台湾外，还命令各大学迁往台湾。复旦大学是最早接到国民政府教育部迁台命令的学校之一。国民党教育部长朱家骅派总务司司长贺师俊来沪口传密令，要复旦迁校离沪，被章益拒绝；继任教育部长杭立武（章益的同乡好友）亲自来上海，要章益到教育部当次长，给他飞赴台湾的机票，准备了专机让他和几位大学校长一起去台湾，章益又拒绝了。

当年章益在美国留学的导师们也向他发出了邀请，让他离开战事纷纭的中国去美国大学教书，即刻启程，直飞香港的机票也就在手上……最后，他决然选择了留在复旦这块热土上。他对未来抱着希望，希望新的一切可以把这个近乎支离破碎的复旦重新建设起来。[①]

① 章大纯：《章益与复旦的缘源》，转引自薛明扬、杨家润主编《复旦杂忆》。复旦大学出版社 2005 年 9 月第 1 版，第 464 页。

章益校长拒绝把复旦迁往台湾有多种原因。首先与中共方面对他的争取有关。据李正文自述，陈立夫亲自动员时任复旦校长的章益服从迁台的决定，章益把这个消息告知了好友张志让，张志让立即找李正文（中共上海局策反工作委员会三位委员之一）商量，李正文要张志让说服章益，一定要想方设法把复旦留在上海，迎接解放。李正文和张志让当时几乎三天两头碰面研究对策，针对章益的实际思想，晓以利害，促使他逐渐解除了疑虑，决定顶住各种压力把复旦留在大陆。那段时间，张志让住在徐汇村章益的家里，推心置腹地和章益深入谈心。[①]

李正文是山东潍县人，东北大学毕业，1934 年底赴莫斯科学习。他在苏联大清洗中受冤，经受三年非人的监狱生活。1941 年他回上海接受上级安排，开始了长达八年的地下工作。1946 年春他结识了复旦民主教授和著名政论家张志让。1946 年秋，参加了张志让发起组织的上海各大学教授联谊会（简称“大教联”）。大教联是把上海几十所大学的进步教授团结在一起，进行爱国民主活动的组织。李正文是大教联的领导核心七人干事会之一。大教联的会员有马寅初、潘震亚、杜国庠、蒯伯赞、周谷城、方令孺、周予同、张明养、章靳以、吴泽、蔡仪、刘佛年、刘笃、卢于道、夏征农、陈旭麓、张孟闻、孙大雨、赵纪彬、陈仁炳等 80 多人。张志让深受他堂弟张太雷的影响，知道李正文是中共上海地下党员后，有事便与他商量，他们在共事过程中成为好友。

---

① 李正文：《我的前半生》，中共党史出版社 2002 年 5 月版。

张志让

1948 年，李正文接到上级的任务后，通过张志让、方令孺等复旦进步教授对章益校长做了大量工作。作为章益的好友，他们给常和章益交谈，给他分析当前的形势，晓以利害，解除他的疑虑。1998 年出版的《山东现代著名社会科学家传》一书，其中有瞿葆奎、章泽渊撰写的《章益》小传，其中写道：“在淮海战役以后，章益多次找校内进步同事贾开基、张志让、方令孺、胡文淑、章靳以等正副教授交谈。这些同志也向他做了大量工作。贾开基将从延安广播中收听到的中共政策向他讲解，使他下决心不去台湾，留在上海。方令孺与章益一直保持着亲密的友谊。此时，她已彻底从苦闷、彷徨的消沉中惊醒。抗战爆发后，她不仅把两个女儿送到第一线，还在复旦校内外积极参加各种进步活动。她与章靳以一同担当进步合唱团的指导教师，保释进步学生，她还曾被列入特务的黑名单。”

中共地下党还通过学生做章益的工作。地下党领导之一费瑛不仅对章益进行长期观察，还从 1945 年秋季开始，要求地下党学生和章益多交往，观察章益的动态。学生自治会主席程极明和章益接触较多，他从学生的角度分析章益言行的含义，他经常倾听师生们对章益的评论和各种议论，及时向地下党组织汇报。

1949 年 3 月，地下党派程极明和叶伯初出面，以学生自治会名义，当面和章益商谈。程极明和叶伯初走进徐汇村章益的家里，章益请他俩在客厅坐下。程极明开门见山地问：“听说章校长要到台湾去？”章益对他们说：“你们怎么知道的？他们确实要我走，但我还没作最后决定。”

两个学生代表接着问：“章校长到台湾去，有什么出路？”他们对他介绍解放军入城的约法八章，说明共产党的政策，北平、天津解放后就严格执行了这些政策，西方电讯中播发了这些情况。章校长清楚，国民党为什么不得人心，他们的独裁和腐败，导致了他们垮台。我们希望章校长留下来，和我们一起保护复旦，把它交给人民。

“章校长，虽然过去您为了学校安定，限制过学运，但是如果您在这个关键时刻留下来，我们学生以后会为您说话的。”

章益认真听了两个学生的一番话，最后表示，让他考虑几天。几天后，程极明和叶伯初又去徐汇村章益家中。章益说：“复旦‘三青团’头子刚走，他们是拉我去台湾的。我已决定不走了，留下来和你们学生，和全体师生员工一起，保护好学校。”两个学生能看得出来，章校长的这一决定，是经过激烈的思想矛盾和反复考虑做出的，他说的是真心话。他拿出去台湾的飞机票给两个学生看，表示他留下来的诚意。

几天后，章益在登辉堂举行的全校师生员工大会上说：“我决定不去台湾，和全体师生员工一起做好应变工作，保护好学校。我体会到，群众的力量是伟大的。”登辉堂里响起雷鸣般的掌声，复旦师生员工们热烈欢迎章益校长这番话。

第二节　空白学生证

1949年4月20日，国民党政府拒绝接受中共和平八项条件。21日，毛泽东、朱德向人民解放军发出向全国进军的命令，百万雄师强渡长江，4月23日占领南京。大难临头的国民党上海当局垂死挣扎，在全市进行大逮捕。

章益密切注视着全国时局的发展。4月20日，复旦学生自治会主席程极明找章益，向他要10张空白复旦学生证，说学生自治会有用处。章益开始时表示很为难，说钢印在教务处，他不好亲自去盖印。后来，他利用午休时间把钢印拿到校长室，让程极明一人去盖印，拿到了学生证，供他们填上假姓名，万一被捕可证明不是本人。章益还通知程极明，当局要他开黑名单，估计要大逮捕了，要他们当心。程极明立即向上级汇报，同时让同学们做好准备。

4月26日凌晨3点左右，大批国民党军警分头包围了复旦大学德庄、淞庄和校本部各学生宿舍。德庄值夜的学生急忙去敲各宿舍的门，惊醒的学生们拉亮了电灯，一些同学迅速冲出宿舍，跑去抵住围墙大门。军警们迟迟冲不开大门，少数军警从围墙上跳进院内打碎窗玻璃，从窗户冲进宿舍，拿着黑名单在各个宿舍搜捕。

他们把学生赶到庭院广场上排队，一一查看学生证，黑名单上有名字的，就把他们押送到宿舍大门外的囚车上。黑名单上无名字的，命令他们去饭厅，进饭厅后不准他们出来。学生们从广场去饭厅路过洗衣房，藏在洗衣房里的特务学生从窗门窥视，给军警指认学生，指着哪个学生，军警们就把他或她押到囚车上。军警们在德庄搜捕，没有本校训导员带领。淞庄学生宿舍被围后，军警们在龚姓训导员的带领下去抓人，在男生和女生宿舍一间一间地搜捕。

早晨 6 点左右，德庄和淞庄的学生们纷纷涌向校本部。军警特务在登辉堂前的草坪上又逮捕了一些学生。愤怒的学生们在草坪上和军警发生冲突，他们把军警们团团围住，向军警高喊："国民党已经垮台了，你们不要再跟他们跑了！"军警们往包围圈外冲，被学生们紧紧围住，他们拔枪朝天开枪威胁。学生们被军警们激怒了，把消防水龙带接上自来水向他们喷射，军警们被喷得浑身湿淋淋的，有不少军警的帽子被冲落在地，恼怒的军警们举枪对准学生们……

双方在登辉堂前对峙了 4 个多小时。赤手空拳的学生，不敌人数众多荷枪实弹的军警。26 日 9 点多钟，军警们捕去 86 名学生，其中有中共党员 13 人。此外，他们还逮捕了 2 位校工。周谷城教授也被他们带走了。章益校长陪周谷城教授前往警备司令部，经过一番交涉斡旋，终于把周谷城教授保释回校。

章益在其中发挥的作用在于，他向警备司令部证实：黑名单是校内的"三青团"学生和特务学生给出的，军警们据此捕人，所谓"黑名单是上面发给各校"之说不实，至少不完全如此。章益以校长的身份证实：所有被军警包围搜捕过的学校，其内部都存在着开黑名单的特务学生、告密的特务学生。章益为了保护师生不得不与国民党政府进行斗争，又不得不作有限度的妥协。

第三节　护校和迁移

护校和迁移的序幕自 1949 年元月 19 日拉开，章益校长邀请 80 位教授和副教授召开座谈会，讨论决定：一、本学期寒假缩短，下学期提早到 1 月 24 日开学。二、迁校问题不讨论。三、组织全校应变机构，协助学校行政人员处理非常问题。

为了建立应变会，学校分别选举成立了教授会、讲师助教会、职员会、工友会等组织。2 月 22 日，“复旦大学师生员工应变委员会”成立了，校长章益和各单位参加人数总计 19 人，教授会 2 人，讲师助教会 4 人，职员会 2 人，学生各系科联席会 5 人，女同学会 1 人，工友会 2 人，行政会议 2 人。校长章益担任应变会主席，教授代表陈望道、学生代表程极明为副主席，下设联络、防护、财会等组。

应变的物资准备也是必需的。2 月 27 日，章益校长和交大、浙大、上医及上商等 14 所国立大专院校校长，乘火车赴南京向李宗仁代总统要求发给应变费，师生员工及眷属两个月每人每月三斗米；提高师生员工的待遇等要求，获得政府批准。得到一笔款项后，他们统一购买了大批粮油等物资，储存起来。为了做好护校工作，学校建立了以学生为主的防护大队，1200 人左右参加，防护大队下设由全校女同学组成的救护队。……反对迁校、护校的工作，紧锣密鼓地进行着。

4 月 27 日，上海警备司令陈大庆下令解散本市所有国立大学。复旦师生被迫离校，临时迁入市区育才中学和江西路中一信托大楼。江湾校舍被国民党驻军占驻。上海市区育才中学容纳不下几百个复旦学生，在上海无亲友的外地学生亟待安置。学校各社团组织多方寻找临时住所，经过紧张的努力，很快安顿了学生们的住处。

5 月 3 日，京沪杭警备总司令部政务委员招待被解散的各高校校长。章益发言，要求当局救济无家可归的留校学生，并优待被逮捕的各校学生。教授会也伸出了援手，捐出教授们节衣缩食挤出的 142 两黄金和银元、外币。教授会代表漆琪生教授把 130 枚银元交给了学生自治会主席程极明，提供给住在育才中学和江西路中一大楼里的外地学生，让他们依靠这笔钱维持临时生活。这段时间，章益和育才中学校长袁哲想方设法安排避难学生食宿。

袁哲曾是复旦大学学生，1946 年被章益聘为复旦教育系教授，和章益校长是同事兼朋友关系。这时天气已暖，袁哲让睡在教室里的学生把课桌椅拼在一起睡——学校买了许多单人席子。睡在大礼堂二楼的学生们，在木地板上打地铺。袁哲对老师章益说：“住宿已经没有问题了。”

章益说：“也是啊，比抗战逃难可是要好多了。”

学生在育才中学的住宿问题解决了，但伙食是面临的主要问题。章益和袁哲商量约定，等大米一到，立刻转送到育才中学去。此时，面临解放的上海物价飞涨，金圆券比纸都便宜，上海市民千家万户吃了上顿缺下顿，几百个复旦大学生吃饭需要几千上万斤大米，如何解决？章益校长发愁了。

袁哲找总务主任周化行和会计袁锡瓒商量。周化行是袁哲过去的学生，负责复旦学生的住宿服务工作。袁锡瓒是袁哲的表弟，负责解决财务问题。精明能干的袁哲经过一番周折和努力，居然从诸暨乡下把几千斤大米运来了。据说袁哲联系上了浙江东部四明山的共产党游击队，请他们护送大米。当时浙江和江苏到处是解放军，但也有国民党军队。袁哲事先从淞沪警备司令部弄到通行证，因为他抗战从军时在国民革命军31集团军——其总司令是汤恩伯，当时任淞沪警备司令部总司令，所以袁哲熟悉这支部队。但这批大米到了上海还是被国民党宪兵扣留了，袁哲又设法把好不容易运来的大米保出来。他对宪兵队长说这批大米是给育才中学的学生吃的，宪兵队长不想和学生为难，他们毕竟是些孩子。再说袁哲是国民党上海监察委员，宪兵队长就卖他一个人情把大米放行了。这是一种说法。也有人说当时袁哲去找了上海市警察局长宣铁吾说情，宣铁吾是他的诸暨同乡。还有人说袁哲去找在供销合作社就职的大堂侄袁承根，袁承根通过联合国难民救济署，解决了这批救急大米问题……

不管怎么说，袁哲千辛万苦地把这批大米运来了，章益兴奋地表扬他立了大功。章益让总务主任周化行立即指挥育才工友，在学校操场上搭起大棚，支起炉灶，几百名避难的复旦学生们吃上了香喷喷的米饭。

章益校长就这样把复旦学生们送到市中心的育才中学保护起来，在躲避战火的名义下保护了学生，避免了他们被国民党军警们劫持到台湾。而且，复旦学生们住在市中心，军警和特务们也不能像在江湾郊区那样经常抓人。为新中国建设留下了很多宝贵人才，章益、袁哲和复旦教授会功不可没。

第四节　把复旦交给了人民

章益校长抵制迁校、拒赴台湾，蒋介石下令开除他的国民党党籍，下达了对他的通缉令。后来，章益在他的自传里回忆：“1949年上海解放前夕，反动政府密令我迁校到华南，又催我离开上海。这一次我比较坚决，拒不迁校，本人也决定不走，终算将复旦保存下来，归还人民，我也获得了新生。后来听说国民党反动派因我拒不逃跑，开除了我的国民党籍，并下令通缉。承他们把这件肮脏的湿布衫替我脱掉，倒是该谢谢他们的。”

章校长定下决心后，联系了上海交大王之卓、同济夏坚白、上医朱恒璧、大夏欧元怀4位高校校长，他们5人秘密商定：决不迁校，不去台湾。朱恒璧在红十字会医院病房挂上“危重病人，谢绝探访”牌子，作为他们秘密商谈和逃避国民党官员“劝驾赴台”的藏身之地。京沪杭总司令部常务委员谷正纲坐镇上海，与警备总部政务委员会常委兼秘书长方治在百老汇大厦办公，督促他们迁校、去台湾，并等候回话。章益他们就趁谷正纲、方治外出之时前去拜访，留下名片就走，再回到医院的“重危病房”，用这种办法虚与委蛇，拖延时间。

军代表李正文和章益校长

1949年5月，人

民解放军解放上海市区，复旦大学除一名教务长只身跑往台湾外，全体师生以及图书资料、仪器设备等都完好地保留下来了，为新中国成立后新复旦的建设打下了坚实的基础。5月15日，中国教育学会上海理事会召开会议，推举章益为会议主席。筹组九个专门研究委员会，章益任高等教育委员会召集人。华东军政委员会发布接收布告，陈毅、粟裕任命章益为国立复旦大学校务委员。

5月26日，上海苏州河以北地区的国民党军队溃散逃跑。此时，复旦大学及上海各高校被捕学生被关押在上海商学院内，看管他们的军警们一个个溜走了，被捕学生们获得了自由。5月27日上海大部分都解放了，复旦学生集合起来，把原来的防护大队改名为人民保安大队，配合人民解放军乘汽车进入复旦校园。

6月20日，上海市军事管制委员会正式接管复旦。陈毅市长任命李正文为军事代表，在军事管制时期代表军管会执行军事监督及办理接管事宜。复旦大学的师生们兴高采烈，欢声雷动，他们在校门口夹道欢迎解放军进校接管。章益校长陪同军代表李正文进校。在登辉堂里，李正文和章益、张志让亲切交谈，李正文说："你们把复旦交到人民手里，功劳很大！……"后来，李正文撰文评价张志让："（张）志让同志为了复旦大学完整地保留在大陆，不接受蒋介将其撤退到台湾的命令，曾对校长章益做了大量工作。章益先生不仅自己留在大陆，而且完整无缺地把复旦交给了人民，这是有功的。章益先生应算起义爱国人士。章益先生对祖国的这一贡献，是和志让同志的工作分不开的。"①

① 《李正文论章益》，《复旦大学志》第一卷第283页。

第五节　复旦校庆日的确定

1949年8月2日，复旦大学校务委员会正式成立并召开会议。章益受陈毅市长委任为复旦校务委员，任外文系教授，兼授教育学课程。校务委员章益向军管会报告所交现金、机械、器材等情况。8月19日，校务委员会会议决定设立节约委员会，聘请委员19人，章益委员担任召集人。

在此期间，章益对曾参加过国民党、三青团、青年军和当过美军翻译官的一般学生，并不歧视，而是跟他们交朋友，讲解政策，鼓励他们进步。章益对少数真正顽固分子予以警告，不准他们继续作恶。

1950年5月8日下午，复旦大学校务委员会召开会议，会议作出一项决议：规定5月27日为本校校庆节。

与会代表有钱崇澍、章益、李炳焕、金通尹、陈望道、章靳以、周谷城、罗文宗、胡曲园、张明养、张薰华、胡文淑、潘振亚共13人，会议主席为陈望道。[①]

关于复旦大学校庆日，要追溯到1905年的9月13日。这一天，新成立的复旦公学开学，于是这天便成为复旦第一个所谓的“校庆日”。但真正意义上的校庆日，是1913年由李登辉校长定下的。李校长是基督教徒，讳“13”，于是将校庆日改为9月14日。

抗战爆发后，复旦内迁重庆北碚夏坝，学校定5月5日为立校纪念日（校庆日），这也是为了纪念曾任复旦校董的孙中山

---

① 见复旦大学馆藏档案《本校校务委员会全体会议记录》。

1921 年 5 月 5 日在广州出任非常大总统。从此，校庆日与校友节合二为一。一直到新中国成立后，新任校长陈望道提出以上海解放日 5 月 27 日为校庆日。巧合的是，正是 40 多年前的这一天，复旦公学师生在《时报》刊登申明，使“复旦”正式出现在公众视野中。所以 5 月 27 日是复旦大学诞生的日子，也是复旦大学真正的校庆日。

时隔 65 年，2014 年 5 月 27 日，是上海解放 65 周年纪念日，也是复旦大学的校庆日。军代表李正文（2002 年去世）的儿子李海丘和章益（1986 年去世）的孙子章小纬、曾孙章嘉雯，在复旦大学档案馆实现了第一次见面。生活在北京的李海丘和生活在上海的章小纬，他们怀着对先人的崇拜敬重之情，一直在收集珍藏与两位先人相关的文献资料，并无偿把这些珍贵资料捐赠给了复旦大学档案馆，丰富了复旦大学馆藏，为弘扬复旦优良传统作出了贡献。

章益的曾孙章嘉雯，当时是复旦大学数学系的博士。从章益算起，他们一家四代人均出自复旦。章嘉雯说，祖父、大伯经常讲起曾祖父的故事，“他特别廉洁自律，学校的东西哪怕是一张信纸，也绝不会带回家。爷爷当年以优异成绩考取了国外的大学，曾祖父就是不允许他出国。”（注：历史的原因）章嘉雯说，曾祖父留下的是复旦的精神，自己为此而感动、骄傲，因此，当年自己参加高考时，放弃了北京大学、清华大学的保送资格，最终仍选择了和他家有历史渊源的复旦大学。

第九章 ‖ 齐鲁任教　眷恋故园

第一节　历经浩劫

1951 年秋季，章益在华东革大政治研究院学习半年。1952 年春，全国院系大调整，章益自复旦大学调往济南山东师范学院，担任教育系心理学教授。

离开工作和生活多年的复旦大学，章益虽然依依难舍，但只要能继续从事他所热爱的教育事业，从对他褒贬不一的复杂的政治纷争中解脱出来，从繁琐的政务琐事中解脱出来，他还是心满意足的。他是一个喜爱做学问的人，在山东济南工作和生活，章益开始了他“一生中最平静、最幸福的一个阶段”(《章益自传》)。经历了太多的风风雨雨、世事沧桑，他的心境淡泊而宁静。

泉城济南是个历史文化名城，年过半百的南方人章益喜欢这个城市。当年他聘请到复旦任教的老舍先生在这里生活过，章益读过老舍的《济南的冬天》。他和李伊迪都满意济南温煦的阳光和清新的空气。“祖父祖母就像两棵江南的柔柳被移植到北方贫瘠的土地上。两老相互扶持，竟也枝繁叶茂、蓬蓬勃勃地生存了下来。”[①]初来济南的章益，受到了山东师范学院领导的热情接待。他“顿觉换了一个天地，空气澄清，生活安定”。

章益教授的名气太大，学院的师生们开始和他接触时有拘束感。但交往下来，师生们感到他平易近人，通情达理，言谈风趣，很快拉近了距离。章益博学多能，令师生们仰慕。学院领导对他非常关心照顾，章益感动不已。他平时专心致志、诲人不倦地教心理学，双休日或假期搞学术研究。他在家工作时，几乎整天俯伏在那张陪伴了他几十年的宽大写字桌上，读书写论文，搞翻译。

李伊迪从不打扰他的工作。她是个贤内助，用她一双巧手把简单的家打理得窗明几净，温馨舒适。卧室里褪色的五斗橱、大铁床、木躺椅，这些朴素平实的旧家具，都是从复旦徐汇村的家里带来的，在北方异乡陪伴着两个孤独的老人。章益写累了小憩时，和夫人一起聊天叙旧，回忆40年代初在重庆时的事——当时儿子章履通12岁，女儿章淑倩10岁，章益自诩是个教书匠，他买了许多识字课本，要兄妹俩当家里两个保姆的老师，每人包教一个，要教会她们认字……章益说起这件事时，李伊迪笑个不停。

那几年，章益主要致力于心理学史的研究工作。在理论研究的同时，他注重联系实际。他不仅在校内勤恳教学，埋头搞研究和翻译，还积极参加校内外各种学术团体的活动。1954年他被特邀为山东省政治协商会议常务委员，当选为民革山东省委常委。

同年，他接受山东省科协和科普协会的邀请，做过多次公开

---

① 章大纯：《章益与复旦的缘源》，转引自薛明扬、杨家润主编《复旦杂忆》。复旦大学出版社2005年9月第1版，第464页。

晚年的章益与家人

学术演讲，其中一次是《巴甫洛夫学说与心理学的改造》。因为在心理学上的权威和建树，1954 年，他受中国心理学会委托，筹建中国心理学会山东分会。

1955 年，他参加了新中国成立后召开的中国心理学会第一次代表大会。

1956 年《教与学》第 1 期，发表了他的文章《做好准备，向科学进军》。

1957 年他撰写了《巴甫洛夫学说对于心理学现象问题的启示》《高级神经活动学说与心理学及教与学的关系》（未发表）。

高山景行，章益先生是教育界的一个标杆，他的教育理念可以为现代大学教育制度建设和教育改革提供参照和启示。自 1952 年到山东师范学院至 1986 年去世，章益在山师工作长达 35 年。在此期间，他系统发展了该校的教育学、心理学学科。他是山东心理学会的主要发起人。章益在长期的教学和研究工作中，倡导和树立严谨务实、开拓创新的优良学风，培养了一批著名的学者、专家，为山东教育事业的发展奠定了坚定深厚的基础，也为我国心理学发展做出了巨大贡献。目前，山东师大心理学学科拥有硕士、博士学位授予权，是山东师大重点建设的优势与特色学科。程学超、张全信等知名教授对章益先生都充满敬仰，称他是对他们职业生涯影响最深的导师。张文新（山师副校长、泰山学者）称："章益先生道德文章，堪称楷模。"在他们眼里，章益教授为人正直、平易近人，谦虚谨慎。对工作任劳任怨，勤勤恳恳。对同事真诚相助，对学生循循善诱、悉心教诲。

可是，潜心执教搞学术研究的章益教授没料到，一场政治上的狂风暴雨即将袭来。1957 年，"反右"运动来临。

在"反右"运动中，担任过国民党国立复旦大学校长的学术专家章益，被划定为"右派分子"，被撤销了山东省政协常务委员，保留委员。他的精神受到严重的打击，心灵遭受煎熬……

1960 年前后的三年困难时期，全国粮食短缺，农村出现大饥荒，饿死了许多人。城市粮食限量供应，大学教师们也和普通市民们一样清贫。1960 年，刚从华东师范大学毕业的张全信，被分配到山东师院教育系心理学教研室任教。教研室有 8 位老师，年轻的张全信老师注意到，那位中等身材偏瘦的年长教授，和老师们见面，总是微笑着点点头，和蔼可亲。开会时他发言不多，每次教研室打扫卫生，他总是拿着扫帚、拖把抢着干。张全信没有想到，他就是担任过复旦大学校长、学贯中西、知识渊博的章益教授！

1960 年山东师范学院教育系恢复招生，章益担任普通心理学教授，张全信担任他的助教。当时规定：教授讲课，助教辅导，助教必须随堂听课。张全信虽然学过普通心理学，但他听章教授讲课仍然兴致盎然，受益匪浅。章益讲课引经据典、旁征博引，他讲感知觉这部分内容，讲到对比原则时，引用杜甫诗句“江碧鸟愈白，山青花欲燃”来形象说明；讲解相似原则时，他引用了王昌龄的《采莲曲》：“荷叶罗裙一色裁，芙蓉向脸两边开。乱入池中看不见，闻歌始觉有人来。”他讲课生动活泼风趣，学生们听得聚精会神，津津有味。

1961 年，背负着“右派分子”身份的章益被摘帽，他心里松了口气。

1962 年，国家经济困难，在“调整、巩固、充实、提高”的方针下，压缩高校的办学规模。山东师范学院教育系经研究取消。当时教育系已经招了两届学生，学院经研究决定，已招收的 60 级学生除 9 人继续学习教育学外，其他学生转学英语。而当时山东师院外语系英语专业，只有专科没有本科。英语师资较强的教育系，决定成立英语班。系领导清楚章益教授英语功底扎实，治学认真，决定将英文班的教学任务交给章益，要求在两年期间培养出中等学校合格的英语教师。

章益教授担任新成立的英语班主讲，除了双休日，他每天都在认真地讲课。英语本科四年课程，他仅用两年时间就给学生们讲完了。1964 年，章益教授任教中途转学英语的 60 级教育学系学生毕业，后来，他们都成了山东省高校和中学的英语骨干教师。章益教授回忆起这件事，喜形于色。张全信听师母李伊迪说：“你老师教这个英语班，是他来山东师院做得最得意的一件事。”

致力于教学和研究的章益教授没想到，晴朗的天空下又卷起了一场比1957年更大的风暴——1966年“文化大革命”爆发了。当时的情况是，法制瘫痪，全国陷入内斗。上至国家主席刘少奇、中央委员彭德怀、邓小平等等，下至平民百姓，地主、富农、商人、知识分子，甚至连他们的祖师孔子都被批斗。这场冠以“文化”二字长达十年的“大革命”，是“一场触及人类灵魂的大革命”，人人自危，亲朋故友师生同事之间，相互揭发检举，习以为常。令人痛心的是，代表社会良心的知识分子在“文革”中也迷失了方向，互相内斗，章益被曾经的一个同事称为“反动校长”“狡猾的反动派”。多数知识分子在“文革”中落入悲惨的结局，或被批斗致死，或跳湖自尽，或被关进牛棚受辱，或去五七干校参加劳动，或下放农村接受“改造”。章益在“文革”期间也受到了极不公正的待遇，他遭到严厉的批斗和迫害，两耳被一个狂热分子打聋，听力严重受损，身心受到了严重侵害。难以想象，章益教授是以怎样的心情与毅力度过那段艰难的岁月的……善良豁达的章益只把它当作是一场噩梦。“文革”过后，即使是那个把他耳朵打聋的人，遇到疑难问题向他求教，他也不计前嫌，慷慨相助。

章益像他的祖父和他父亲一样，喜欢在业余时间写诗赋词。他填过一阙《调寄汉宫春》，抒写自己的坦荡胸怀：“鲲鹏展翅，看五洋飞越，一叶凭虚。俯瞰太平岛屿，虮虱何殊。万里长空，乘西风，只费须臾。仿佛是，仙槎八月，直入广寒深处。阶前亭亭玉树，喜孙枝苗秀，美景堪娱。竟日承欢绕膝，其乐于于。绮陌东头，惯常见，先生仗履。甚堪羡、白头仙侣，端的是心地宽馀。”

第二节　著译斐然

章益不仅是一位心理学家、教育学家，也是一位翻译家。在他几十年的教学生涯中，外语教学所占比例虽然不大，但却是他开始得最早并引以为自豪的一门学科。他在山东师院，给外文系学生和青年教师、教育系的本科生（后来对研究生）、翻译人员短训班等，都进行过外文教学。

60年代，章益在担负繁重的教学任务的同时，还翻译了大量的心理学著作。同时他也没有忘怀他酷爱的英国文学。在课余和假期，他几乎整天坐在那张宽大的写字桌前，埋头工作。他应人民文学出版社编辑施咸荣之约，承担了莎士比亚《亨利六世》上、中、下三篇的翻译工作。翻译家施咸荣和章益一样，曾被错划为“右派分子”。1960年底，全身浮肿虚弱不堪的他下放归来，坐在图书馆里看书、搜集资料。这时，莎士比亚诞生400周年纪念日即将来临，为了满足广大国内读者需求，施咸荣准备以朱生豪译的《莎士比亚戏剧集》为基础（人民出版社1954年版），出版一套质量较高的《莎士比亚全集》。

章益翻译的莎士比亚《亨利六世》

翻译家施咸荣觉得，朱生豪译本虽然有特色，但译本却有不少误译和删节的缺点，特别是喜剧部分删节较多。出版一套完整的全集，译文应该做全面的校订，工作规模浩大而艰巨。他内心忐忑地向上级打报告，请求起用一些当时被错划为右派的专家学者，出版社领导考虑一番批准了。当时他请的都是才华卓著的著名教授，有北大吴兴华、张谷若、杨周翰，还有湖南人民出版社的编辑杨德豫。

施咸荣虽然知道章益教授的专业是教育学与心理学，基本没搞过外国文学翻译，但他读过章益写的诗词，钦佩他深厚的古典文学造诣及才华，所以请他翻译莎剧《亨利六世》的上、中、下篇。章益不负施咸荣所望，出色地完成了此项工作。施咸荣评价说："章益先生的译文准确流畅，翻译质量高，也有其艺术特色。"

浓厚的兴趣和深厚的功底，使章益在繁重的教学工作之余，进

章益在济南家中

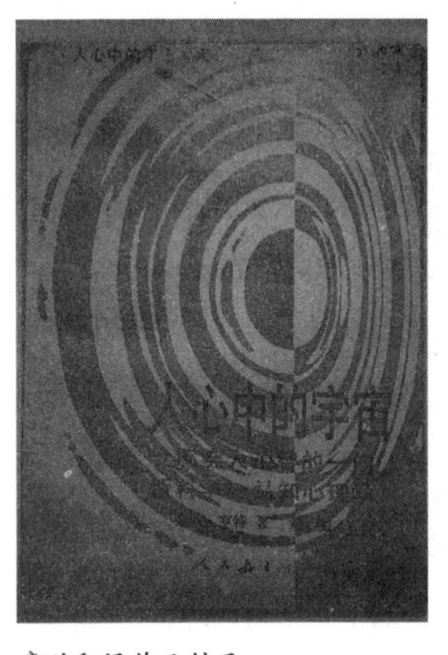

章益翻译作品封面

行跨学科的研究和翻译。在此期间他还撰写了两篇论文，一篇是《劳伦斯的〈却特来爵夫人的爱人〉[①]研究》，另一篇是《翻译浅谈》。此后，章益还与刘尊棋合译了司各特的《艾凡赫》，施咸荣为这本译著撰写了长达万言的序言。

"文革"期间，章益和老伴住在一间阴暗潮湿的小平房里，这间朝北的蜗居，常年不见阳光，屋里堆满了乱七八糟的杂物。不管外面风云变幻，章益宠辱不惊，每天笔耕不辍，乐在其中。"文革"后期，他在陋室里夜以继日地赶译司各特的《中洛辛郡的心脏》一书。司各特是英国著名的历史小说家、欧洲历史小说的创始者。他终生辛勤笔耕，创作了大量诗歌、小说、历史和评论等。他的历史小说情节复杂动人。章益每翻译一段稍作歇息时，便会把书中的故事情节讲给夫人李伊迪听——她是章益唯一的忠实听众。

"在这间陋室里，祖父慢慢展开了英国历史的浩瀚长卷，绘制了一幅幅绚丽多姿的异国风情图画。窗外白雪皑皑，室内春意融融。我没有看到一丝一毫的怨天尤人，只是两个相濡以沫老人的温暖笑容。'文革'中被打聋了双耳的祖父显得有些迟钝，这倒也省却了外部世界的纠缠纷扰，干脆让他沉浸在舒心愉悦的做

① 现译作《查泰来夫人的情人》

学问的一方天地之中。”（章大纯《章益与复旦的缘源》）

漫长的严冬终于过去，万象更新的春天到来。1979 年，章益得到了平反，政治名誉彻底恢复了。1980 年，他再次当选为山东省政协常委。1980 年后，又被选为中国心理学会理事和山东心理学会名誉理事长。

“科学的春天”到来了。1978 年，章益参加在保定举办的中国心理学会学术年会，发表了《批判地吸取西方心理学的成果和经验》的书面报告。1979 年，中国心理学会学术年会召开，章益提交《批判地吸取西方心理学的成果和经验》书面发言。他的著译成果不断面世：1978 年《莎士比亚全集》在人民文学出版社出版，这套书浸透了章益等多名翻译家和学者的心血。同年，他与刘尊棋合译的司各特历史小说《艾凡赫》，也在人民文学出版社出版。

1980 年《山东师范学院学报》哲学社科版第 1 期，发表了他的论文《略论冯特创建心理学实验室以来心理学的研究方法》。1981 年，又在《心理学探新》第 1 期发表了论文《心理学的回顾与前瞻》。1981 年，章益翻译的由美国心理学家诺敦・亨特撰写的认知心理学著作《人心中的宇宙》由人民教育出版社出版。同年，他翻译的司各特《中洛辛郡的心脏》在人民文学出版社出版。1982 年著《心理学说话》在山东教育出版社出版。1983 年辑译的《新行为主义关于学习的理论》，也在山东教育出版社出版。

1983 年 12 月，章益当选为中国国民党革命委员会第六届中央委员会顾问。

作为一名民革党员，章益不忘祖国和平统一大业。1981 年他给老友、台湾东吴大学校长端木恺（字铸秋）写信：

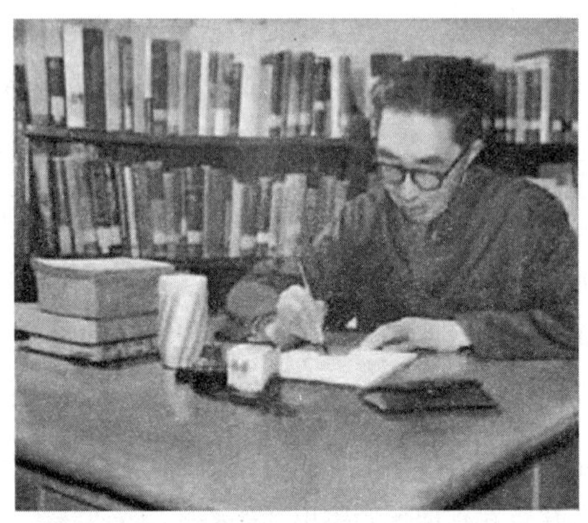

铸秋老兄：

阔别数十年，时切驰系。顷闻兄老而弥健，尚致力于教育事业，退休之余，曷胜欣忭。弟今八十有一，差尚顽健，教学余闲，时事写作，近来从读书著译问世，聊以自娱。

回忆我辈青年时代，参加五四运动，奔走呼号，无非出於爱国之一念。其後无论在教育工作中或政治活动中，莫不以救亡图强为任务。此一愿望，今日在新中国已得到充分实现，且取得之成就，更远远超出我辈当年所能梦想。

目前唯一遗憾是祖国尚未统一。窃意凡属中国人民莫不渴望祖国之和平统一。此乃潮流所趋，人心所向。我辈倘能以有生之年，贡其绵薄，促成统一大业，则不仅四海腾欢，即中山先生在天之灵亦必愉悦也。倘有一日，我兄返回故乡，弟亦趋陪，在采石矶头，太白楼上，把盏叙旧，岂不快哉！跂予望之。

临颖神驰，诸维珍摄。顺颂教绥！

弟 章益 拜上

一九八一年

给台湾东吴大学校长端木恺的信

铸秋老兄：

阔别数十年，时切驰系。顷闻吾兄老而弥健，尚致力于教育事业。逖听之余，曷胜欣忭。弟今八十有一，亦尚顽健。教学休闲，稍事写作，近来陆续有著译问世，志以告慰。

回想我辈青年时代，参加五四运动，奔走呼号，无非出于爱国之一念。其后无论在教育工作中和政治活动中，无不以救亡图强为指归。此一愿望，今日在新中国已得到充分实现。且取得之成就，更远远超出我辈当年所能梦想。

目前唯一遗憾是祖国尚未统一。窃意凡属中国人民莫不渴盼祖国之和平统一。此乃潮流所驱，人心所向。我辈倘能以有生之年，贡其绵薄，促成统一大业，则不仅四海腾欢，即中山先生在天之灵亦必怡然色喜。有朝一日，我兄遄返珂乡，弟亦趋陪，在采石矶头，太白楼上，把盏叙旧，岂不快哉！跂予望之。

临颖神驰，诸维珍摄，顺颂教绥！

弟章益　拜上

一九八一年

第三节　廉洁自律

“时光如白驹过隙，世事如白云苍狗。”“文革”结束后，章益先生已年近八旬，他和老伴长期住在南京大厂大女儿章淑倩家。章益曾经的学生、原滁州党史研究室主任赵荫华，因为参与重修《琅琊山志》，1984年一个夏日，和章益曾经的学生孙谨去看望他。师生叙旧，章益先生很高兴，招待两位学生在家里吃了午饭。赵荫华是山师历史系专科毕业生，章益先生教过他两学期《心理学》公共课。他对笔者回忆说：当时没有小教室，历史系专科生47人和本科生共八九十人一起在大礼堂里上课。章老师课讲得很好，生动吸引人。

当时，他还不知道章老师的故乡是滁州。“有一次上课章老师提问：‘赵荫华，问你个问题。’……我回答得很好”，赵荫华说，“那节课章老师只提问我一人，我的印象很深，从此我对章老师特别尊敬。当时我们上课没有课本，章老师发给我们的是他的讲义，手稿工整认真，我一直保存在身边。可惜‘文革’破四旧，章老师厚厚的讲义，被造反的学生烧掉了”。

1984年10月，章益被学校请回了济南。他给赵荫华和孙谨回信：[①]

荫华、孙谨两位同志：

在宁晤谈，极为欣忭。我已于本月回到济南，关于先人事略，我曾将文稿寄请现居加拿大的家兄审阅，今接他来信，想要在稿中补充一段，兹另纸抄奉，即请两位核阅增补为荷。

你们的工作想必进展顺利，在此预祝成功。

顺颂健康！

章　益

1984.10.25

① 赵荫华收藏有章益回信原件。

80 年代初的山东师范大学（1981 年 8 月，山东师范学院更名为山东师范大学），心理学方面的知识，除了章益教授没有其他人能讲授，他在山师大礼堂作心理学报告时，礼堂内外挤满了听报告的人，很多社会上求知的人也来听讲。

晚年的章益教授工作更积极，他既要担负繁重的教学任务，又要利用课余和假期著述翻译，还要带心理学硕士研究生。本该颐养天年的章益教授，80 岁还招收心理学硕士研究生，到 1986 年他去世，带了两届硕士生。

研究生用的学习资料多半都是外文书籍，章益教授经常到山东图书馆寻找，找不到他就坐火车去上海图书馆查找。做过他助教的张全信教授回忆："有一年暑假，为了招硕士研究生准备资料，章教授到上海图书馆去查询，乘电车时摔了一跤，造成骨折，住在他上海的儿子家养伤，单位领导派我到上海去看望他。我去时是一个下午，他住的房子较小而且西晒，屋里闷热得很。章教授却正伏案写作，汗流浃背，桌子上放了一块湿毛巾，他写一会儿就擦一把脸。我说：'天那么热，又有伤，您好好休息一下吧。'师母说：'他不听话，工作起来不要命。"

章教授解释说："事情是这样的，人民教育出版社要出一本由几位心理学者翻译的《西方心理学家文选》，让我审阅，我觉得翻译者都是老先生，看一看不费事。接过稿子之后，发现自己估计错了，有些翻译得很粗糙，有的语句不顺、词不达意，读起来晦涩，有的甚至有错误，改起来很费劲。改别人的东西比自己写还困难，很多地方干脆自己重新翻译了。"

这本书出版时，翻译者在后记中感谢了章教授对这本书的审议修改。章教授严谨的治学态度和豁达的心胸可见一斑。章益除了在山东图书馆和上海图书馆查阅资料，还和本校图书馆商量购买心理学外文书籍。山师大图书馆每收到新书目录，负责人都找章教授亲自筹划购买。这些资料，为山师大心理学人才的培养起了重要作用。有一次，全国心理学大会在山师大召开，北师大张

章益教授在指导研究生

章益教授及夫人、女儿早晨在校园散步

厚粲教授参观山师大教育系资料室时，十分惊讶，说：“你们的外文心理学书怎么这么多？好多资料我们都没有。”

80年代初，新兴的认知心理学传入我国，章益翻译出版了诺敦·亨特的《人心中的宇宙》。张全信教授评价：“他翻译的文字并不是直译，一点都不晦涩难懂，读他翻译的书像读小说一样。”

1983年章益辑译的《新行为主义关于学习的理论》，对人的行为复杂性进行学术探讨，这本书在当时颇有影响。章益捐出该书的稿费1000元，再拿出他有限收入的一部分，设立了“章益奖学金”，奖励品学兼优的学生，帮助他们学习成材。这一基金一直延续至今，对培养心理学人才起到一定作用。章益先生的所作所为真正践行了他“教育的出发点必须是‘爱’”的教育理论，展现了老一辈知识分子的风骨和胸襟。

章益教授为培养心理学人才呕心沥血。他在为人上对自己的要求也特别严格，他一贯廉洁自律，没有私心。抗战时他担任国民党教育总务司司长时，主管全国教育经费，绝不中饱私囊，在贪污成风的国民党时期，这是非常难能可贵的品质。

清正廉洁的章益教授，把良好的家风传给了儿女及后代。他的长孙章大纯回忆：“廉洁，一个多么神圣的字眼。要抵御物质金钱的诱惑实非易事。要不，今天也不会滋生出那些腐败分子来了。而在当年，对以两袖清风而自豪的知识分子们来说，实在是无足为奇。祖父一生廉洁自律，也教育他的后代先要做一个诚实正直的人，然后才是一个学业、事业有成的人……”

章益对学术要求非常严格，学生论文不达到学报的发表标准，决不予推荐发表。他的一位硕士生准备报考外校的博士生，她了解到，外校那位博导和章教授关系密切，想请章教授和那位博导打声招呼，但却被章教授婉言拒绝了，她对此感到很不理解。但她考博被录取后，章益又主动向她表示祝贺，鼓励有加。章益不仅对研究生如此，对自己的儿女也是这样。他的大女儿考复旦大学时仅差一分落选，复旦大学考虑到是章益先生的女儿，打算破格录取，章益得知此事后坚决予以回绝。

章益先生在山师期间，系里可以免费领取笔墨稿纸等文具，但他从不领取，都是自己花钱购买。1981 年，章益在北京参加中国心理学会第三次代表大会及学术讨论会，会后他拜访了校友邵力子等文化名人。回到济南后，章益认为这次北京之行中会友是私人行为，这笔费用他谢绝报销。

第四节　重游复旦大学

章益有着不平凡的人生履历——有过在五四运动中昂扬的呐喊，有过担任复旦校长期间忍辱办学的尴尬处境，最终把复旦交给新中国，是他颇为骄傲的一件事。

“老夫喜作黄昏颂，满目青山夕照明。”章益喜欢吟诵叶剑英元帅这两句诗。1984年春，他在一首抒怀诗中表达了自己的心绪：

饱阅沧桑六十年，
艰辛历尽入尧天。
黄童白叟齐欢乐，
叠阁岑楼亘陌阡。

黉宇广开英俊集，
轻骑驰骋物资阗。
老去犹甘效十驾，
庶几芹献瓦添砖。

人到暮年喜欢怀旧，他经常和李伊迪回忆当年在复旦的旧事。一天晚饭后，夫妻俩边喝茶边闲聊，李伊迪问章益，“你还记得徐汇村的张阿长吗”？

“怎么不记得呢，我们当时住在31号，有人说是‘章公馆’。张阿长原来是给李登辉校长做跟班的，我和他很熟悉。”章益记忆力很好，他清楚地记得，解放后张阿长在徐汇村门房间做事，为村民服务，送报纸、喊电话。

“对，他家住在我家对面，”李伊迪说，“他儿子是春天生的。”

“是的，你还送一篮子鸡蛋去慰问的呢，张阿长高兴的不得了。”

李伊迪说：“当时刚解放不到一年，张阿长老婆坐月子，没有什么营养品，经常是甜菜豆腐汤，加油馓子，我看不过去，我们条件到底好一些。”

章益表扬夫人说：“你做过不少好事，善有善报，你能长寿的。”

李伊迪说：“你也会长寿的，你若比我先走，我怎么活下去啊！”

章益和夫人回忆最多的，是在复旦大学度过的岁月。章益20岁进复旦，50岁离复旦，除去赴美留学和在国民党教育部任职的5年，他在复旦大学任职、执教、仟职共25年，他对复旦的感情是深厚真挚的，对复旦的眷恋也最为殷切。他经常对儿孙们讲述那如烟的往事，复旦是他喜欢的话题之一。当年护校拒迁那摄人心魄的一幕幕，还时常出现在他的梦中……

然而，章益自 1952 年 2 月离开复旦大学来到山东后，极少有人想起这个为复旦做出过重要贡献的老校长，只有一个人始终还惦记着他——就是章益的老朋友舒宗侨。舒宗侨毕业于复旦大学新闻系，抗战期间在重庆《中央日报》《扫荡报》任职。章益曾聘舒宗侨为复旦大学新闻系兼职教授。章益还是他的结婚介绍人。国民党撤离大陆时，拒绝迁校的章益为躲避军警和特务的追踪，在舒宗侨的家里藏了好些天。

舒宗侨先生作为章益的老朋友，对章益的历史很了解，觉得他对复旦大学的贡献很大。然而，章益几十年来却一直没得到公正的对待。不仅没有，甚至还曾被打成右派，“文革”中身心被摧残。仗义的舒宗侨要为他做一件事——1985 年，复旦大学 80 周年校庆前夕，舒宗侨给时任复旦大学校长的谢希德教授去信，建议她发函邀请章益回母校看看。

谢希德校长答应了舒宗侨的要求，发函给章益盛情邀请他。于是，85 岁的章益在离开复旦 33 年后，以老校长、老校友的多重身份，重游阔别多年的复旦校园，参加复旦大学举行的 80 周年校庆活动。他又看到那些熟悉的青砖红瓦、一草一木，庄严的“相辉堂”前整洁的草坪依然绿意盈盈，他泪水盈眶百感交集，他生命的一部分已经融化在这一房一屋、一草一木之中。他既为当年培养出一批批英才、桃李满天下而自豪，为那些与他一样老迈或仙逝的同事而叹息，也为当年和他们中的一些人结下的恩怨感到遗憾……

章益 1985 年重游复旦大学，与谢希德校长亲切交谈

章益教授在“相辉堂”（1984 年由“登辉堂”改名）与复旦师生们相见。走进这座殿堂他倍感亲切，“登辉堂”是 1947 年初夏在第一宿舍废墟上建造的，是一幢青瓦白砖的两层楼房。早在 1920 年，恩师李登辉校长下南洋募捐资金在江湾建造校舍，其中就有男生第一宿舍，共 97 间房，可住 249 个学生，是复旦当时最大的宿舍，可惜被日寇飞机投弹炸成了废墟。

章益觉得将“登辉堂”改为“相辉堂”很好：纪念复旦创始人马相伯和复旦的重要建设者李登辉校长，“相辉堂”是对他们二人永恒的纪念。他觉得，这座建筑具有历史意义，是复旦人共同的精神家园……重游阔别多年的复旦校园，他非常欣慰，他感谢老朋友舒宗侨的美意。在谢希德校长的安排下，舒宗侨一直陪在章益的身边，陪他完成了这次母校之行。

章益心潮起伏感慨万端，挥笔为复旦校报题诗：

黉宇闳开处，菁莪气象深。
弦歌常注耳，俊秀日盈庭。
先正仪型在，时贤建树新。
重登此胜境，欢慰满胸襟。

（章益自注：“先正”指马相伯、李登辉两校长，“时贤”指母校现领导）

关于章益先生这次重访复旦校园，他的长孙章大纯写道：“一切都已经过去了，千秋功罪留待后人评说。今天他看到的是一个跻身中国顶尖大学的新复旦，芳草萋萋，垂柳依依。当年，他想努力打造第一流复旦的梦想，如今由一批志士能人的努力而实现了。为此，他由衷地感谢谢校长没有忘记他这个几乎销声匿迹的老人，让他在有生之年得以实现重访复旦的梦想。”

章益心情激动地回到山师，他对老伴叙说回复旦的见闻和感受。晚年的章益身体多病，长期住院。他常收到各地来信，住院期间，他仍坚持亲手回复每一封来信，并且走到校门口，亲手把回信投进邮筒里。他觉得这样做，是对来信人的尊重，他亲手投信才放心。

章益教授对几位研究生爱徒花费了很多精力，他每星期都要安排一定时间，给他们讲授或答疑，指导他们在一起研讨。在他去世前几天，他过去的助教现在的同事张全信教授到医院看他，他已经处于断续的昏迷状态。张教授知道章教授自生病开始便消化不良，他问师母：“老师吃点东西没有？”

师母李伊迪对张教授说：“他想吃油条，叫女儿买了回来，咬了一小口，在嘴里嚼了很长时间，勉强咽了下去。”张教授看到病床旁边的小桌上有一叠书写的资料，李伊迪说：“这是小陈（研究生陈宝凯）的毕业论文，你老师清醒时就修改一段，现在还没改完呢。”张教授听后心里很是难受，一位病危的老人仍念念不忘工作，真是生命不息工作不止，令人敬佩啊！

1986年，章益在病房里完成了最后一部译著：美国心理学家诺敦·亨特的《人心中的宇宙》（人民教育出版社出版）。从1949年至1986年他去世，三十多年间，章益在心理学、教育学、翻译等方面，达到了他学术生涯的又一座高峰。

第五节　深切缅怀

1986年7月16日，章益教授病情恶化，于济南病逝，享年86岁。

1986年7月19日，复旦大学向章益教授治丧委员会发去唁电：“章益同志是我国著名教育学、心理学家，毕生从事教育事业，曾任我校校长6年，为把复旦完整地归还人民作出积极贡献。复旦师生将永远怀念他。[①]”

章益先生学贯中西，才学卓著，他毕生从事教育，学术成绩斐然，为国家、为人民教育事业做出了巨大贡献。更令人敬佩的是，章益先生为人高洁，不谄上，不骄下，和善待人，严于律己，体现了清正廉洁的道德情操。斯人已逝，精神长存。复旦大学、山

① 《我校前校长章益教授追悼会在济南隆重举行，我校发去唁电并派专人前往吊唁》，《复旦》，1986年9月10日。

东师范大学、海内外所有熟知章益的人们，永远怀念他！

章益先生的影响波及海外，早在抗战前，《密勒氏评论报》即已介绍过他的事迹。1949年春，美国发函来索取资料，要将他收入《世界名人大辞典》，因当时国内形势巨变联系不上他，没有辑录。章益先生逝世后，加拿大、美国、苏联等地还不断有书信寄来，请他去讲学和出席国际会议。

章益先生在国内受到一些学者和专家客观公正的评价。复旦校史研究室主任龚向群在《章益的尴尬岁月》中写道："八十周年校庆时，学校编了一本《复旦大学志》，收入了由专人撰写的为几个主要校长树碑立传的传记文章，如马相伯、李登辉、陈望道等，唯独章益是一份自传。显然，那是因为写校史绕不过章益，但又没人能准确地把握他，只好请他作自我介绍。"①

2005年，创建于1905年的复旦大学迎来百年校庆。校庆前，复旦大学高等教育研究所教授、上海大学高等教育研究所兼职教授杜作润，高度评价章益："不能夸大他对共产党的不同政见和对革命学生运动的不支持态度，而忽视了他对复旦总体建设的重大贡献。在章益掌校的数年中，复旦与她昔日相比，在学术上的发展、声誉影响的扩大，有目共睹。在艰难时世中，章益校长维护了复旦，同时也发展了复旦，他是这一时期称职的复旦校长。"他认为，如果复旦大学真的是有了人们歌颂的百年辉煌，则章益校长毫无疑问是参与铸创了这辉煌的一名主要角色。②

---

① 陈思和、龚向群主编：《走近复旦》，四川人民出版社2000年1月版。

② 《复旦教育论坛》2004年第2卷，第6期。

当年复旦学生运动领导人之一孟庆远，在《忆章益校长》一文的结尾写道：“抗战期间，复旦从私立改为国立后，在他主持校政下聘请一大批名教授，其中包括许多进步的知名教授，提高了学校的教学质量和学生的质量，使复旦得到了重大发展，成为大后方著名大学和有名的‘民主堡垒’。抗战胜利后，沪渝两部分又合二为一。他继续主持校政，直到1949年上海解放，章益校长与全体师生一起保护学校，把学校完整地交给人民。应该说章益校长在复旦大学的发展史上，是一位起过重要作用的校长。因此，我认为，他作为复旦大学的一任校长，应该将他置于“复旦百年发展史上究竟发挥什么作用”这个主题上来评价他，才是公正的。”①

上海师范大学国际比较教育研究院教授高耀明，也给予章益高度评价，说他“是复旦从一所民国时期一般大学跃升为现代著名大学过程中最关键人物，没有之一”。②

章益的道德文章和精神情怀，影响深远。章大纯深情地回忆：“……多少年后，在异国他乡，我遇到一个远房姻亲于太太，当他得知我与祖父的关系后颇有一番踏破铁鞋的高兴。她亲切自豪地对我说：‘我是章校长当年的学生，请转告老校长，我就是追随了老校长而选择了教育学的专业。去台湾后，我又遵循老校长的教诲，办了学校，把自己的一辈子都献给了教育事业。’可惜祖父已作古多年，要不然他听了该是多么的欣慰！从祖父开始，我

---

① 原载2004年3月5日《校史通讯》。

② 《现代大学教育》2016年第3期。

们已经四代人在复旦工作、学习过。至今，我们心中永远回响着：‘复旦复旦旦复旦，日月光华同灿烂’。我们对复旦的热爱不能不说是由于祖父的关系。在纪念复旦百年校庆的时候，我们缅怀尊敬的祖父，也缅怀在复旦度过的那些青春年少的美好时光。”

2007年5月14日，复旦大学生晏萱在其博客文章《追寻大师的踪迹——章益》中写道：“上课的时候，听自己导师讲起了他的导师曾经给他们讲过的故事。那是有关大师的故事，真正的大师——在我们学校的历史上，曾经有一位老先生，他的灵魂虽然早已升入天堂，可他的精神却被他的弟子后人们铭刻在心，他的故事被后人们口口相传，这位大师便是章益先生……大师的光芒足可以照亮每个后人的心，他的故事让我们感受到的是一种人格的力量。让我们追随大师们的影子，接受大师们思想光辉的熏染，在这个已经没有大师的时代。”

第十章 ‖ 诗书传家　泽被后世

第一节　祖父章家琮

章益的祖父章家琮和父亲章心培，都曾为拔贡出身，入仕为官。

追根溯源，章姓出自春秋战国时齐国公族之姓姜姓（公元前1122年，姜太公封于今山东淄博，建立齐国）。章家先祖中不乏德才兼备之人，唐末福建浦城的章仔钧就是一个，他好学不倦、低调大度。福州闽王王审知赏识他，授予他为高州刺史检校太傅，屯兵浦城西岩山守闽北。章仔钧是位儒将，他常告诫子孙：“慎勿习武，当以儒业起家。”他对弟弟说：“吾十五子当以‘仁’字为名，示其有志于仁也。”六十八孙皆以“文”字为名。宋理学家章望之称章家“十代登科二百人，一家和气蔼如春”，形容当时章氏人才辈出，宗亲和睦。

章仔钧的夫人练氏是个了不起的女人，章姓的堂号之一“全城堂”因为她的仁爱善举而得名。堂号即祠堂的名称或称号，主要用于区别姓氏、宗族或家族。它主要源自宗族发源地的地名或与本姓祖上某一名人的事迹或传说。章姓的堂号有不少，给人印象最深的就是与练夫人有关的“全城堂”。

唐天佑二年（905 年）四月，南唐入侵，章仔钧率军抵抗，同时派帐前校尉王建封和边镐前往建州（今建瓯市）求援。两名校尉因连日大雨延误了期限，惭愧地返回复命。按军法当斩，练夫人急忙劝阻章仔钧，说两位校尉因大雨误期，无法完成任务，情有可原，可以免罪。章仔钧听了夫人的话没处罚他们。练夫人私下还给银钱让他俩逃生。两位校尉后来投奔了南唐。

后晋天福六年（941 年），章仔钧病逝。练夫人迁到建州随子女们居住。

闽天德三年（945 年）八月，南唐李璟派查文徽为帅、王建封为先锋、边镐为招讨使，率兵打到建州城下。激战之后城池被破，南唐下令屠城三日，把全城人杀光。边、王二将得知练夫人住在城内，为报答当年救命之恩，亲自带上金银玉帛登门拜见她，并给了她一面白旗，说“请植于门前，当戒士卒勿犯矣”。

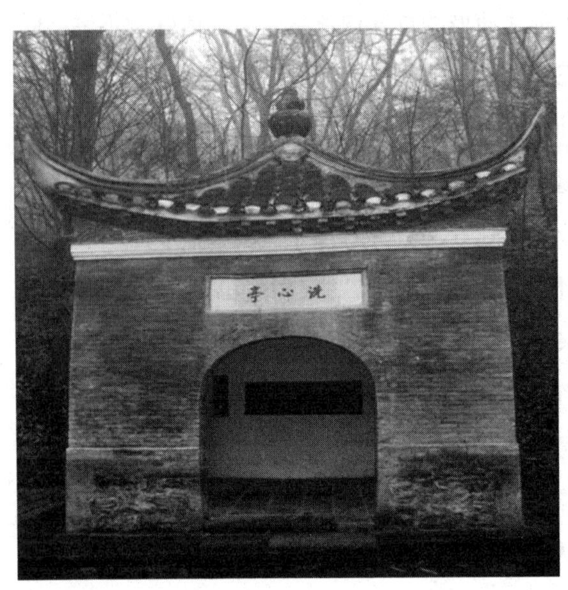

滁州琅琊山 洗心亭　刘曼殊摄

但练夫人拒不受馈赠，对他俩说：“公等若念旧德，愿保全此城，否则吾家不得独生也。”边、王二将为练夫人的大义而感动，禁止屠城。全城百姓性命得以保全。百姓深感练夫人的救命之恩。后来，练夫人被封为渤海郡君贤德一品夫人，又晋封闽国夫人，宋追封为越国夫人。练夫人还被誉为“芝城之母”《建州志》。如今她的铜像仍立于今建瓯市的芝城公园内。

北宋时的章家先人章衡也值得一提。章衡（1025—1099），字子平，浦城（今属福建省南平市浦城县）人，嘉祐二年（1057）进士第一。他历任多地官员，曾任颍州知州、汝州知州，1084 年出任滁州知州。在滁州期间他重修醉翁亭，并作亭记。他还写有《琅琊五景》[①]。

章家琮碑刻“瞻仰烟霞” 刘曼殊摄

① 路传新主编《历代名家咏滁州》（第一辑），2014 年 9 月第 2 版。

其一：行行上翠微，忽与群峰遇。
　　　回首白云重，不识来时路。
其二：日出万峰晓，阳谷腾瑶光。
　　　逝将理川辑，晖发于扶桑。
其三：千岩各竞秀，紫翠日万状。
　　　一览纳虚亭，空中成色相。
其四：拂袖归岩阿，清风满空谷。
　　　锵然鸾凤鸣，余音绕丛竹。
其五：山人入山来，去住本无着。
　　　洞口看归云，悠然会真乐。

表达了诗人悠然自得超然物外的情趣，气韵自然，意境悠远。

章家后代散布于全国各地。章益的先祖原居安徽歙县，19世纪初叶，五世祖兄弟二人经商致富，来到滁县建造住宅，聚族而居。历经三代，子孙繁衍，家里已有一百多人。后经多年战乱，家道中落。到章心培出生时家里只能清苦度日。到了民国时期章家

章家琮碑刻“酒国春长”　刘曼殊摄

《玻璃沼》碑记　刘曼殊摄

又经商致富，经营了滁城最大的杂货连锁店“章三益”商号，主营糕点、酱油、酱菜、香烛、纸张等。

1952年下半年开始，国家对农业、手工业和资本主义工商业进行改造，章家的商铺、仓库、宅院全部归公。

章氏家族有好学传统。章益的祖父章家琮（1839—1891），号璧斋，光绪乙酉副榜，直隶候补直州判，累官运京仓米，授五品衔。他曾在河北游宦，郁郁不得志，常以文墨自娱，与文朋诗友切磋。章家琮颇具诗才，著有《嗷雁轩吟草》《鸣秋阁剩句》《耕砚轩尺牍》《燕泥鸿雪录》《雕虫集》等诗集，现仅存《鸣秋阁剩句》290联的孤本（1896年由金陵三元斋印刷）。

人文积淀深厚的琅琊山，是章家琮常去之处，醉翁亭天井门廊上，至今保存有他题写的“瞻仰烟霞”“酒国春长”等砖刻。被誉为“天下第一亭”的醉翁亭，初建时只有一座亭子。光绪七年，全椒人薛时雨在章家琮、黄铎等乡贤协助下，重修屡遭兵燹的醉翁亭，将其恢复原样。后又迭遭破坏，人民政府多次拨款修复。到醉翁亭景区过院门进入天井，圆门额上有薛时雨题“有亭翼然”。东侧门额上有章家琮题“酒国春长”，西侧门额上有黄艺五题“山水之间”。墙上镶有《解酲阁记》等碑刻。出天井东门入东院，院中伫立飞檐亭阁一座，即醉翁亭。

醉翁亭前的玻璃沼，从“双泉绝顶”至凤凰湖水。玻璃沼是章家先人章衡命名的。章衡《重修醉翁亭记》云：“旁有石泓，泉涌而流，甘如醍醐，莹如玻璃。”章家琮于光绪八年写《玻璃沼》碑记立于洗心亭外。碑刻记载：“宋元丰七年，家子平公衡守滁时得此泉。莹如玻璃，因名焉。后伪为六一。今按郡志，镌石以复其旧，光绪八年五月。郡人章家琮志，黄铎书。”

“六一”指的是六一泉。有位学者指出，宋至明代的玻璃泉（玻璃沼），即六一泉，但光绪《滁州志》中六一泉和玻璃泉却变成了两个泉。[①] 黄铎是书法名家，擅长篆书。他也是滁州人，是同治十二年举人，他与薛时雨和章家琮都是友人。黄铎在琅琊山上的

章家琮碑刻《踏云》　刘曼殊摄

① 王浩远《琅琊山石刻》

题刻有“募修滁县琅琊山开化律寺大雄宝殿缘起”，及“泉声如听醉翁操，海日已照琅琊山”。还有章家琮题、黄铎书写的“踏云”砖雕题刻（在醉翁亭古梅亭朝西的门楣上）。

章家琮53岁时在河北顺德英年早逝，他家乡滁县的亲友们得知噩耗，陷入悲痛中。27岁的儿子章心培和堂兄章莘田，冒着炎热酷暑由陆路北上，跋涉千余里，兄弟俩途径山东省时遇到一伙强盗，得知二人远道奔丧，没有抢劫他们。兄弟俩幸得继续前进，“饱经烈日熏蒸之苦，其后腰留下汗斑，终身未退。抵达顺德后，扶柩取道天津海运归葬。”[①]

第二节　父亲章心培

章益之父章心培一生取得的成就，比其父章家琮毫不逊色。章心培，字中如，生于清同治四年（1865年），卒于民国三十一年（1942年）。他少时聪慧过人，精通八股文，博览经典，熟知史地知识。他对书法情有独钟，楷书和行草都功力不凡，融颜柳欧苏于一体，字体内劲外秀。

章心培性格耿直，仗义执言，不畏权贵。在他青年时期，他的一位堂叔受当地州官欺凌，无辜被判罪。章心培挺身而出，冒着“反坐”的风险，去省会控告这位贪暴的州官，终于辨明事实真相，该州官被撤职处分。

章心培33岁时取得拔贡学衔，先后在池河蒙馆、芜湖赭山一

① 见章益回忆笔记

所新办的学校任教职。他从政后担任过江苏阜宁县知县、清河县（今淮阴县）知县等职。

章心培重视教育，他出任清河知县期间，在县治元江书院里创立清河师范研究所，属清河县教育会，后来更名为清河师范传习所，开班一年后因故停办了。

章心培清廉自律，恪尽职守。当时知县监管司法，章心培对民事诉讼案件，一般劝导双方协商和解。对于刑事案件则认真调查，秉公执法。当遇到乡村发生命案时，不管烈日酷暑还是风雪寒冬，他定会亲临案发现场，亲自对尸体进行勘验，根据蛛丝马迹推断，追缉凶犯。

一年清河县发生蝗灾，章心培亲自去农村，带领民众捕蝗掘蝻，奋战了十几天，灾情减轻了，他才回到衙署。章心培写的一手好字，他习惯以诗记事，他在清河县任知县期间曾写过若干卷《清河纪事诗》，由他的子孙收藏多年，可惜在十年动乱中散失了。章心培任清河县知县一年多，任满解职。很快又被任命为长江下游十二圩盐务局提调，后升任江苏省候补知府。

1912 年中华民国成立，47 岁的章心培返回家乡滁县。他受国民政府委任，干过几年县财政局长。后来在家乡养花弄草，教育子女，退隐闲居，不想到外面去做官理政。他在担任清河知县时，清河县属淮安府统辖，驻淮安最高长官是江北提督王士珍。王士珍被称为北洋三杰之龙，段祺瑞为北洋之虎，冯国璋为北洋之狗。王士珍当时在北京任显职，他赏识章心培，多次函招章心培出山到其幕下任职。章心培都回函婉言辞谢。当时实行议员选举，有人劝章心培参加竞选，他也不为所动。

后来，支持袁世凯恢复帝制的“筹安会”以利益引诱他入会，他十分反感，毫不客气地严词拒绝。但他对本县的公益事业却十分热心。那年炎夏酷暑，时症流行，他从上海买来一批人丹和痧药水，免费送给穷人。他“又曾倡议在本县西北乡垦荒植林，因某方阻力，计划未能实现”。

章心培尤为重视文事，主持修订了滁县县志和章氏族谱。古色古香的章家老宅里一片静谧，章心培经常闭门读书，端坐在书案后的太师椅上伏案书写。他父亲的住宅和书房，分别取名为“嗽雁轩”“鸣秋阁”。他的书房名为“双百益斋”。书案上摆放着笔墨纸砚和笔洗、笔注、笔筒和镇纸等。书架上摆放着各种典籍。墙上挂着古雅的字画。书斋里还有一盆盆菖蒲、兰花和碗莲……

置身书斋，远离外界纷扰，清茶一杯，一卷诗书在手，焚香一炉，修身养性，不亦乐乎。但章心培没这么闲适，他是个敢担当有作为的人。他经常和文友一起去琅琊山，观赏山上众多的摩崖石刻。他和住持僧达修很投缘，和达修成为倾心交谈的朋友。达修和尚原籍安徽省肥东县将军集，字赞泉，俗姓李，据传其祖上是晚清重臣李鸿章。后因家道中落，他过继给一户姓姚的人家。因为家里贫穷，他 5 岁时在准提庵顶替别人名剃度为僧，僧名释达修。聪慧的达修勤奋苦读，谙熟四书五经。他 18 岁受戒，后为准提庵住持。1904 年，重视人才的滁州知州熊祖诒邀请 28 岁的达修来琅琊山开化律寺（琅琊寺）当住持。当时的琅琊寺因屡遭兵燹，遍地瓦砾，几成废墟，寺内仅存两间茅屋。

达修为了重建琅琊寺四处奔走化缘，他凭借坚忍的意志和杰出的智慧，寻求达官政要、军阀显贵、富商豪门的赞助，加上章心培、黄艺五等乡绅们的帮助，经过30多年的努力，复建了大雄宝殿、韦驮殿、明月观、藏经楼等殿宇亭榭近百间，并建造了多处驰道磴道，复兴了开化律寺。达修1940年圆寂后，他的佛门大弟子根如督工，在深秀湖北侧山坡上为他建造了一座墓塔，七层塔身由青石雕砌而成。墓塔后来毁于“文革”中。

章心培协助达修重建琅琊寺期间，做了不少具体的内务文书工作，如管理钱财、抄写书信、参与规划设计、打桩划线等。值得一提的是，章心培还与达修呕心沥血，耗时约10年，于1928年编纂成第一部《琅琊山志》。

《琅琊山志》共四本八卷，约10万字，分“形势”“胜迹”“建置”“高僧传”“塔铭”“文集”“古诗集”“醉翁丰乐两亭记”“近诗集”“楹联集”等篇章，汇集了旧《滁州志》和琅琊寺僧人辑存的有关琅琊山的各种资料和艺文，为研究琅琊山的历史和文化留下了宝贵的史料。这本志书使“琅琊之美，历历在目”“千古兴亡坟典在，好教他日证沧桑”。

第三节 《琅琊山志》

《琅琊山志》邀请了一些民国政要名流题词写序，写序的有孔祥熙、戴季陶、易培基等。

上述政要加上章心培、达修共八人作序，这些序言记述了琅琊山的开发沿革和琅琊寺、醉翁亭、丰乐亭的兴废变迁，记载了琅琊山六十年前各名胜古迹状况，阐述了编纂《琅琊山志》宗旨、意义和过程，是研究考证琅琊山历史宝贵的参考资料。孔祥熙在序言中赞：“搜采记述信美以备矣。”

章心培的序言较长，达修的序言简明扼要：“琅琊山为东晋元帝驻跸之所，六朝以来淮东胜境于此称最。唐大历中，刺史李幼卿与僧法琛开山凿石，始建开化禅寺（唐代叫宝应寺），第年湮代远，苍狗白云，荒废殆尽。至清道光时（应为嘉庆年间），住僧皓清从事兴筑，云集僧众，开坛传戒，规复旧观。迨咸同间，惨遭兵燹，以致灿烂庄严之梵宇重复化为丘墟，所存者仅一无梁空殿。沧桑变幻，其可慨为何如也。达修于清光绪三十年主席是山，触景伤怀，匪言可喻。于是跋涉关山，奔走万里，托钵呼号，决图恢复。幸蒙前各当道及诸大善士，慨解仁囊，共襄盛举，故大雄宝殿、藏经楼、明月观、地藏殿、僧寮客舍等，均得次第落成。此虽山寺兴废有数，要皆我佛呵护之灵也。”

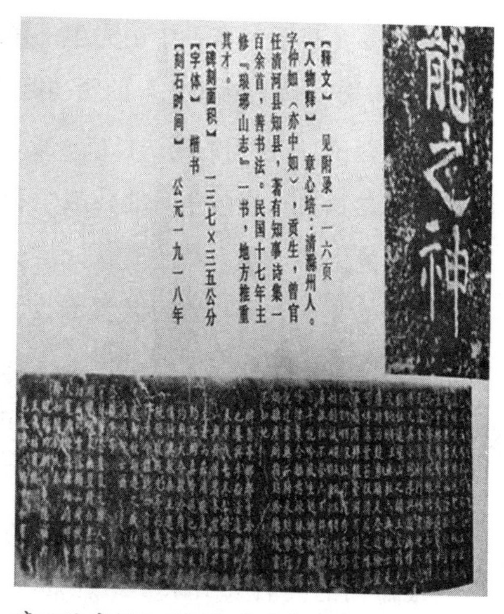

章心培琅琊山石刻拓片《琅琊山石刻选》

为《琅琊山志》题词的达官名人有孙科、蔡元培、阎锡山、方振武、许世英、谭延闿、黄维时、陈仪等。孙科的题词为“高僧名山两不朽”；蔡元培的题词是“山水清音”；方振武的题词为“名山增色”；陈仪题词“终古蔚然”；许世英题词“林峦胜概，一览千秋”。孙科受父亲孙中山先生的影响，喜欢读书，书法有一定水平，从他为《琅琊山志》的题词可见一斑。

“山西王”阎锡山的书法自成一家，在民国书法界颇有影响。方振武将军参加过讨袁战争、北伐战争和抗日同盟军，并任前敌总司令。他的书法也很有特色。蔡元培更值得一提，他怀着教育救国的信念，来到北大，实行教授治校、民主管理，倡导思想自由兼容并包，把一个死气沉沉的旧北大变得焕然一新。蔡元培先生亲笔为《琅琊山志》题词，是这部志书的荣幸。

《琅琊山志》产生了如此大的影响，章心培和达修感到欣慰。

《琅琊山志》的出版，扩大了琅琊山和醉翁亭在国内的知名度。

琅琊山的美名吸引来了出巡蚌埠的蒋介石。1927 年 5 月 28 日，“下午两点左右，蒋介石乘坐的铁甲专车驶进滁州站。”“蒋介石坐上特制的轿子，便向琅琊山进发。”“为防不测，蒋介石并未在山上过宿，仍然回到铁路专车上，第二天早晨 5 点多，蒋介石专车继续北上”。[①]

1933 年，民国政要林森和戴季陶，也从南京来滁州琅琊山游览。

琅琊山早已是诗人、作家和艺术家向往之地。1936 年 4 月 4 日，徐悲鸿、盛成夫妇、方令孺和郑红羽一起（有些文章说丁玲也同游，但盛成回忆当时丁玲在国民党当局监管中），从南京来滁州游览琅琊山。当时徐悲鸿在中央大学任教，他的好友盛成是著名诗人、作家、翻译家、语言学家。

方令孺来到好友章益的故乡，感到十分亲切。章益曾向她介

① 丁言模：《醉翁之意不在酒——蒋介石等人兴游琅琊山》。《皖东文史》第三辑。

绍他家乡的风物人情。方令孺回南京后写下散文名篇《琅琊山游记》，她细致入微地描绘了寒食、清明两天游的见闻和感悟：红黄蓝紫的野花，朦胧的云雾和月亮、潺潺的溪水和深幽的山谷，和仿佛会说话的树叶……她把山林幽静的夜景和独特的体悟表现得出神入化："山中的夜是多么静！我睡在窗下木榻上，抬头可以看见对面的高崖，崖上的树枝向天撑着，或好像沉到一个极深的古井底下。一切的山峰、一切的树木都在月下寂寂的直立着，连虫鸟的翅膀都不听见有一声瑟缩……""松树的影子筛在地下。山中的月夜真幽冷，山兰花发出一阵阵的清香……这正是宜于在这深山里月光底下倾听人说心事！"

方令孺是"新月派"著名才女，她的《琅琊山游记》清新隽逸，情感细腻，充满了诗情画意，把琅琊山初春的美景和神韵描写得令人神往。

星移斗转，1985 年 10 月，中国散文学会和中国作家协会安徽分会在琅琊山联合举办了首届"醉翁亭散文节"，全国 40 多名知名散文作家、诗人、评论家和编辑记者聚集在一起，研讨当代散文复兴的前景。

2008 年，中国作协副主席陈忠实等作家和诗人等也来到琅琊山。

第四节 诗文楹联

章心培和其父章家琮一样擅写诗词。1936 年陈诗于安徽庐江成立筠社，章心培是该社主要社员。他们的诗集是《筠社初集》。多才多艺的章心培还写有诗论，结集为《随园诗话》。此外，琅琊山上有章心培的楷书石刻碑文。

属于造型艺术的石刻在我国有着悠久的历史，泛指镌刻有文字、图案的碑碣等石制品或摩崖石壁。它有着丰富的历史内涵和史料价值，能够陶冶人们的情操，提升一座城市的文化品位，成为旅游开发的资源。

琅琊山上有不可胜数的摩崖石刻和碑刻，有唐代摩崖石刻，宋、明、清、民国佳作，其中不乏名家所书。滁州籍文史学者王浩远深情地写道："碑石中所记录的一切都已经过去了，而碑石的字迹依然清晰，碑石所承载的历史更加厚重。带着历史的体温，带着千年的唐代直到民国的万千气象，即使落寞也是那么地有张力。这些碑刻是前人留给滁州的宝贵遗产，是不可多得的珍宝。"

长期以来，琅琊山石刻所受的重视不够，缺乏系统的历史内容考订。因此，编纂保存了众多珍贵诗文资料的第一部《琅琊山志》，十分重要。

关于章心培的事迹，清朝陈惟彦撰写的《宦游偶记》书后，有民国十七年（1928）章心培记，及陈惟壬附录《国是报》记密查云贵总督案。

"谈笑有鸿儒，往来无白丁。"章心培交往的都是一些文墨之士。他有一位重要的文友——1923年做过滁县知县的叶玉森。叶玉森，字荭渔，江苏镇江人。叶知县在日本留过学，学贯中西，诗词文赋书画篆刻无所不通。他不仅谙熟外文翻译，还对甲骨文有精深的研究，简直是一位奇才。

叶玉森出任滁县知县时，筹资重修醉翁亭、丰乐亭。琅琊山上有他的碑刻：“三藏玄枢”及《重建琅琊山开化寺藏经楼记》。琅琊寺大雄宝殿楹联“大藏数千余卷，续藏数千余卷，一切本其稗败乎，若寻真经必从无字处；出水八万由旬，入水八万由旬，须弥山亦稊米耳，要知我佛还在虚空中”；念佛堂楹联“据座燃香，有如见佛；合目数息，便是修真”等，都出自他的手笔。

叶知县亲自编纂《滁县职官志》，他还支持章心培和达修编纂《琅琊山志》，并“撮举纲要，指示途径”，亲自删削成书。

章心培的文朋诗友还有一些，本县的黄伯甫、仲甫兄弟和陈德均（字筱山）、全椒县的叶冬心、王子衡、张稚涵、泗县的张燕昌及江苏溧阳的宋文蔚（字澄之）。章心培聘请学养深厚的王子衡来滁县，开家塾讲学。章心培的三个儿子章谦、章益和章恒都是王子衡的学生，都接受过王子衡的教育。

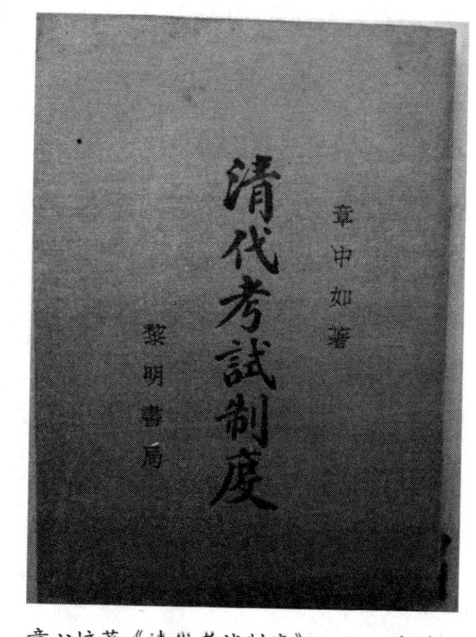

章心培著《清代考试制度》，1934年黎明书局初版

黄仲甫（字谷诒，号艺五），11岁进学成为秀才，后为廪生（成绩一等秀才）。他是民国时期著名书法家，擅长大篆、石鼓、金文，有珂罗版字帖发行。醉翁亭景区有多处他的石刻，除了“山水之间”和“古梅亭”，还有“怡亭”“云根”“枕流漱石”和“游目骋怀”，及《重修怡亭记》碑刻。

章心培的夫人金氏是他母亲的侄女，婚后生了三女三男。他的长女章书云嫁给了黄仲甫之子黄师立，二女儿章书箴嫁给张稚涵之子，三女儿章书彤嫁给了汪家。章家与滁县的名门望族黄、汪、金、张联姻，开枝散叶，子女后代或旅居美国、加拿大、澳大利亚等国，或居住在台湾、上海、南京等地。

晚年的章心培应次子章益之请，撰写了《清代考试制度》一书，由上海黎明出版社出版。擅长写诗词楹联的章心培，为醉翁亭和丰乐亭两亭撰写过多副楹联。他题写在琅琊寺内的这副楹联堪称佳联：

于清净地，辟庾信三弓，看这般春月秋花，都成妙谛；

当和煦时，留平原十日，愿抛却名缰利锁，来息尘心。

古今优秀的楹联作品，无论在思想意蕴还是在艺术形式方面，都有其独特的审美魅力。楹联作品重声律，讲究辞章精美，追求兴象与情韵。楹联大师梁章钜在《楹联丛话》中，把

琅琊山志 卷八

知我佛還在虛空中
出水八萬由旬入水八萬由旬須彌山亦稊米耳要

明月觀聯　嶺南子材金保權 縣知事
望之蔚然有千年明月梅花佛國都成空色相
飄乎到此作一日閑雲野鶴名山小結舊因緣

明月觀聯　章心培 鄞人
於清淨地闢庾信三弓看這般春月秋花都成妙諦
當和煦時留平原十日願拋却名韁利鎖來息塵心

觀音殿聯　章心培
悟空色數言觀已觀人歷千百劫金身不壞
本慈悲兩字救苦救難俾億萬年佛法常興

無樑殿聯　章心培
覆幬無私皇矣萬方瞻上帝
鑒觀有赫巋然一殿峙靈光

三友亭聯　黃槐棣 鄞人
遠市謝塵囂愛雲中寺隱林外鐘傳說甚麽典午前
朝無樑空殿
景有數名山
高風助清興任樹杪鳥啼澗邊花落何必問金焦美

彌勒殿聯　前人

章心培明月观楹联碑文《琅琊山志》

“工”“切”“雅”作为评联的核心标准：其中“工”是形式上的要求，即对仗要工整，要符合平仄的要求；“切”是内容上的要求，楹联要“切题”，切人、切事、切地、切时、切史等。“雅”是在“工”与“切”的基础上，内容、语言、风格等，要做到典雅自然。

按照梁章钜评联标准，章心培题写在琅琊寺内的这副楹联“工”“切”“雅”都是相当出色的，显示了他深厚的国学功底和诗才。

楹联是中国独有的传统文学瑰宝，古时悬挂于殿堂楹柱而得名，西晋时期便出现合律讲究的对句，在一千七百多年的历史传衍过程中，楹联和骈赋、律诗等文体彼此影响借鉴，历北宋、明、清，积淀逐渐丰厚。明太祖朱元璋爱写楹联并大力倡导，楹联在明代得到普及，发展到清代达到顶峰。楹联属于综合艺术，它包括了文学、书法、雕刻、建筑等艺术门类的成分，既为文人墨客所钟爱，又

琅琊寺明月观

为平民百姓喜闻乐见，渗透到了百姓生活的方方面面。

唐诗、宋词、元曲、明清楹联，是清代士绅文人们基本的文化素养。他们在茶余饭后、交游应酬或节庆到来时，挥毫书写诗词楹联自娱，和文朋诗友们交流，展示其学养和水平。章益的祖父章家琮和父亲章心培都工于此道，他们在处理政事之余书写了许多诗词和楹联，其中一些作品遗存至今。

章心培常和黄艺五等亲朋出入琅琊山，对醉翁亭景区内的诗词楹联很熟悉。园内共有九院七亭：醉翁亭、宝宋斋、冯公祠、古梅亭、影香亭、意在亭、怡亭、览余台，风格不同各有寓意。醉翁亭旁有一巨石，上刻圆底篆体“醉翁亭”三字。景区内古树婆娑，亭台错落，绿水潺流，环境幽静。景区布局精巧，幽深曲折，具有诗情画意，令章心培和友人们流连忘返。他喜欢醉翁亭景区的楹联，他以为多数都切雅工稳，蕴含丰富。园门旁镌刻的楹联，据说是薛时雨题写：“山行六七里亭影不孤，翁去八百年醉意犹存”，意蕴悠长。

他与亲朋们坐在醉翁亭里切磋诗艺，欣赏楹联。醉翁亭两根亭柱上的楹联：“饮既不多缘何能醉；年犹未迈奚自称翁。”他觉得此联虽显直白，但也切题。醉翁亭内楹柱上的长联他颇欣赏：“翁昔醉吟时，想溪山入画，禽鸟亲人，一官迁谪何妨，把酒临风，只范希文素心可证；我来凭眺处，怅琴操无声，梅魂不返，十亩蒿莱重辟，扪碑剔藓，幸苏子瞻墨迹长存。”

意在亭上的楹联是：“酒洌泉香招客饮；山光水色入樽来。”章心培一行人坐在意在亭里面对着“曲水流觞”，饮酒赋诗、评诗。之后，他们又来到始建于明代崇祯年间的冯公祠——明南太仆寺少卿冯若愚及其子冯元飏修建“宝宋斋”，保护“欧文苏字”碑有功，滁人为纪念他们而建。冯公祠的楹联是：“泉声如听醉翁操；海日已照琅琊山。”这是章心培父亲的好友黄铎书写的。

章心培一行人来到古梅亭。因亭前有一株古梅而得名，据说是欧阳修亲手栽植，距今已千年。其实，原来梅树早已枯死，现在梅树为明代人所植。清代李嵩阳曾题“花中巢许”4字，立碑于梅台。古梅亭原名“梅瑞堂”，明代嘉靖十四年（1535年）滁州判官张明道为观赏古梅而建。古梅亭的亭名篆刻为“古某亭”。“某”与“梅”在上古是同音字。某的古义为“酸果也，从木，从甘”，后来，“某”的果子本义消失，另造“梅”字，表示一种孕妇喜爱的酸味果子。

民国十七年(1928年)，黄艺五在堂后崖壁题篆字“古梅亭”，将其改名。亭内壁嵌石碑六块，系清代张鹏翮等人所题咏梅诗碑。古梅亭的楹柱上是：“醒来欲少胸无累；醉后心闲梦亦清。”章心培边看边会心点头。他再看亭内的楹联：“品节似欧苏，千载芳梅撑铁骨；冰姿宜水月，一天香雪荡春风。”此联借赞梅之铁骨冰姿，赞欧、苏的风骨与情怀……

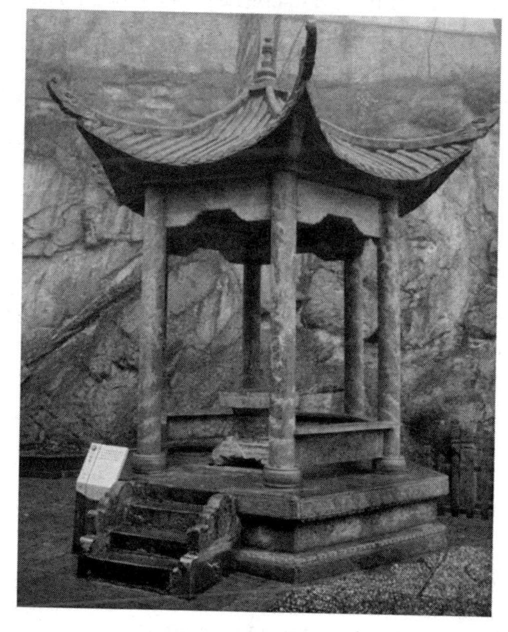

琅琊寺三友亭 刘曼殊摄

章心培和亲朋们在琅琊山上饮酒赋诗，欣赏楹联，下山时已是黄昏，回望时，夕阳把苍翠的琅琊山映照得一片辉煌。

第五节　章益故居

章益故居位于滁州市老城区东后街45号，坐北向南面街，约建造于19世纪末期。占地面积900平方米，为四进三院落建筑群，具有晚清建筑风格。楼房为木结构小砖瓦框架式，第三进为二层主楼建筑，五开间，进深7米，面阔20米，两厢楼各一间，进深3.8米，面阔2.6米，第一、二、四进都是平房，分别为五、七、五架梁框架式歇山顶建筑，面阔均为五间。

几年前，笔者随民革滁州市委来这里参观，看见老宅里还存有灰暗的石柱础和旗杆石，一口古井至今仍在使用，石井栏绳辙清晰。历经百年沧桑的章氏老宅，主要建筑完整，三进主楼嗷雁楼及东西两侧厢楼保存完好，青砖黑瓦封火墙，窗棂格栅及梁柱间的木雕雀替，基本形态完整，古风旧韵尚存。在这里住了60多年的王成华老人，年近90岁，头脑清晰，她还记得章家老宅曾经的模样："那时比现在气派多啦，前后房子都宽敞得很，木石装饰都是精雕细琢出来的，章家的小楼当时在附近很有名。"她说，她和儿女们住的是章家库房和菩萨屋，她家刚住进来时，老宅里还有章家几个人，后来搬走了。搬进来的十几户人家，对老宅进行了切割、改装和添盖，被隔得越来越窄，拥挤、杂乱、昏暗，原先气派结实的木楼变成了危楼，一走动就会发出"嘎吱嘎吱"的声响。如果不是住户们多次修护，章氏老宅可能早就垮塌了。

眼前的章氏老宅，混杂在私搭乱建的棚户区中，令人惋惜。根据资料，滁城鲜鱼巷口一带，曾是晚清民国时期繁华的闹市街口，商铺云集，熙来攘往。章益故居的东侧是城内有名的杂货铺黄人昌号，西侧是乐源善药草行，对面街南侧是滁城最大的商号章氏家族章三益号，生意兴隆。

1937 年 12 月，滁城被日寇占领。此前，1927 年章家已举家迁往上海，老宅托付给管家柏贵照管兼收租息。不久，柏贵病故，老宅由柏贵同乡六合人黄皮匠接替照管。新中国成立后，章氏老宅被收为公房，分给王成华等十几户人家。

1976 年春，章益眷念故土，携大女婿吴建文和外甥吴育津（吴育津是章益长女章淑倩之子，其叔祖父吴忠信是国民党元老，曾是张治中和卫立煌两位将军的上司）从南京大厂回滁城探视故宅，去琅琊山上观赏并拓印他祖父和父亲的石刻碑文。

1976 年后，章氏后人陆续从海内外各地回滁探视寻根——

2002 年，章谦小女儿章淑佩由章淑倩陪同，去看过老宅。据章大纯介绍：“我们的伯祖父章谦，1916 年与伯祖母李涵青成亲，1918 年大女儿章淑儀出生，1920 年二女儿章淑佶出生。1920 年，伯祖父去德国留学。这些都发生在老宅。伯祖父 1927 年回国，阖家迁往上海……堂姑章淑佩 17 岁离开上海去香港。八九十年代移居加拿大。1966 年，伯祖父母被扫地出门，也就是现在说的净身出户。所以没有任何东西留下来。”章谦年老退休后随女儿们侨居加拿大。

章益的小弟弟章恒，字贞百，复旦大学商科毕业，曾在上海银行界工作多年，新中国成立后在上海市第四女中执教，早已退休。

章益和李伊迪夫妇有一子三女：长子章履通，女儿章淑僖（早亡）、章淑倩、章淑仁。章履通和夫人李玉瑰都是复旦毕业生，他们有二子一女，长子章大纯 1978 年考上复旦外国文学系，1981 年自费赴美留学，1987 年获得加州州立大学硕士学位，现居美国洛杉矶。女儿章次絪中学毕业时逢“文革”，下放安徽淮北农村插队落户。改革开放后，与丈夫陈籛在南京共同创业。小儿子章小纬中学毕业时处于“文革”后期。因为哥姐都在农村，他有幸留在上海，分配在上海长桥水厂工作。2000 年他担任上海自来水市南公司技术部领导职务。

章益的第四代后人个个出色——章大纯的女儿章嘉斐，1987 年随母亲赴美国，曾就读于美国长春藤院校康奈尔大学，现在一家著名的律师事务所工作。章次絪的儿子陈果 2003 年考入复旦大学。章小纬儿子章嘉雯，2006 年考入复旦大学，现已是复旦大学博士后。

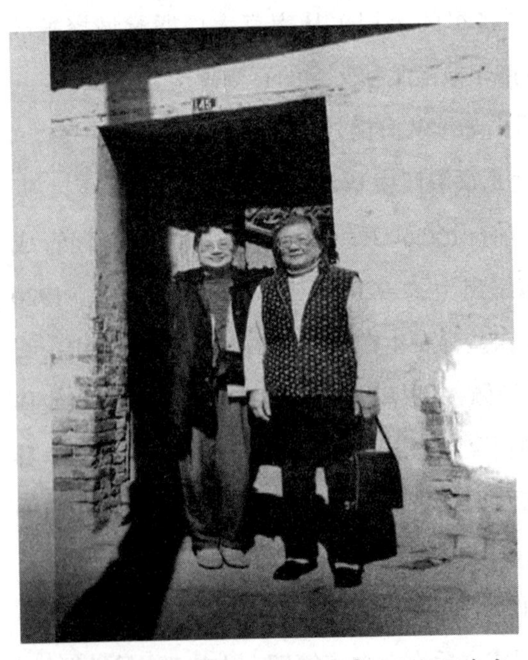
章益大女儿章淑倩和章谦小女儿章淑佩探视老宅

星移斗转，随着滁城的南移、东扩，老城区颇具清朝特色的老房子早已破旧暗淡。为了让城市留下记忆，让市民们记住历史和乡愁，2004 年起滁州市政协文史委开始了全市名人故居调查研究工作。根据市政协提案，2006 年 4 月，章益故居被滁州市政府批准为市级重点文物保护单位，并被选入全国政协文史委编纂《名人故居博览·安徽卷》。2007—2011 年在第三次全国文物不可移动文物普查期间，滁州市完成故居复查、核实和登记建档工作。章益故居被登记为注册商标并纳入了老城区规划保护范围。

文化是一座城市的灵魂，名人故居具有重要的人文价值。为了充分保护名人故居等历史建筑，创建国家历史文化名城，滁州市于 2016 年邀请同济大学建筑设计团队，对章益故居等共 4 处历史建筑群进行了测绘、修缮设计。设计专家面临着难题：历经百余年风雨沧桑和社会变迁的章氏老宅，作为晚清时期一个完整民宅保留至今，具有历史、艺术和科学的价值，但损坏严重，修缮难度大。2017 年，建筑设计专家依据针对文物建筑嗽雁楼、后屋的详细勘探报告，经过多次论证，再次制定了嗽雁楼落架大修、后屋局部落架的维修方案。

2018 年 6 月的一天，笔者来到维修中的章益故居，大院已被蓝铁皮围起来，王成华老人和儿女等住户都已搬走。院里有一些维修工人正忙碌着。第三进二层陈旧的主楼嗽雁楼外侧钢筋铁架林立，楼内空荡荡的。主楼两侧厢房仅剩木骨架，前两进平房已不在，地上堆放着拆下来的废旧细瓦和一堆黑乎乎的几米长的木柱。大院内还堆放着维修的建材，其中有百十个水泥制成的新石础，看门老人说是从山东运来的，维修宅院时放在木柱底部。

笔者走出正在维修中的章益旧居，沿着围墙来到大院后，仰望院内楼后那棵高耸苍翠的云杉，它与老宅一起经历了四十多年

章益孙女章次絪伉俪和孙子章小纬夫妇探视老宅　卜平摄

的风霜雨雪。章益故居周围低矮陈旧的平房都已拆除，废墟成了周围住户们的菜地。周围居民们都知道章益的名字，与这位滁州名人旧宅为邻，他们引以为骄傲。笔者离开章益故居前，仰望宅内高秀挺拔的云杉，联想起成就卓著、清廉正直的章益，心中充满了深深的敬意（令人遗憾的是，由于影响施工，这棵高耸的云杉被移走了）。

2019 年 9 月 10 日，章益故居修缮工程竣工，9 月 16 日《滁州日报》报道后，安徽网等媒体先后转载：

占地近 3000 平方米　滁州章益故居修缮重生

2019 年 9 月 10 日，市重点处组织市文化和旅游局、设计单位、监理单位、施工单位等对章益故居修缮保护工程进行竣工验收。经现场实地勘察，验收组一致认为该项目符合设计、规范要求，同意通过工程竣工验收。

该工程作为我市创建省级历史文化名城先期工程，是我市2016年创建重点工作之一，同时也是2018年市人大议案办理工作方案（文化工作部分）重要内容组成之一。工程的顺利竣工为下步开展工作创造了有利条件。

故园重生　一宅两园换新颜

章益故居规划范围南临东后街，西邻北大街，北侧紧邻街区其他居住建筑，东北部与空地紧挨，东南与西涧派出所为邻，总占地面积2956.7平方米。在方案设计中，确立了“故园重生——一宅两园焕新颜”为章益故居的主题。方案设计中，不仅对章益故居的文物本体建筑和整个院落空间格局进行修复完善，还对故

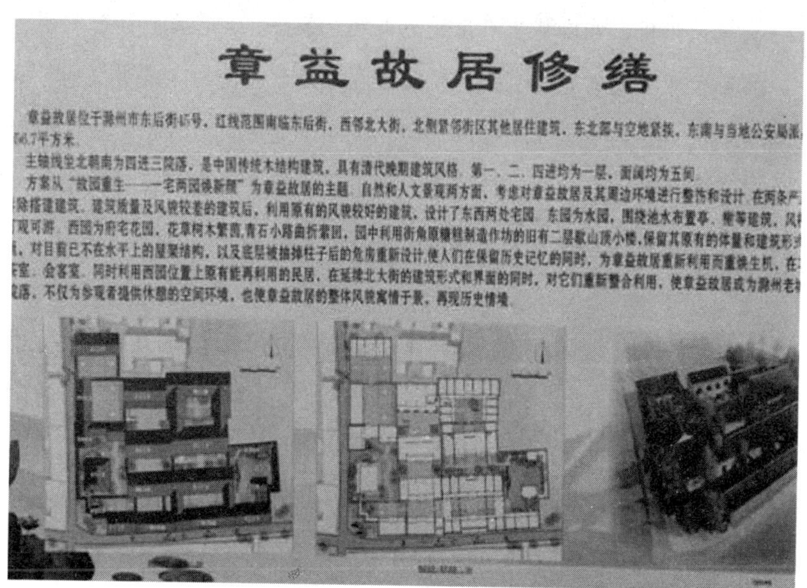

章益故居修缮工程介绍

居的功能置入和再利用，结合时代特点和市民生活需要，进行了梳理和设计。

修缮设计方案从自然和人文景观两方面，计划对章益故居及其周边环境进行整饬和设计。在两条严正的居住空间轴线两侧，拆除搭建建筑、建筑质量及风貌较差的建筑后，利用原有的风貌较好的建筑，设计了东西两处宅园。

东园为水园，围绕池水布置亭、榭等建筑，风格朴素淡雅，环境优美，可观可游。西园为府宅花园，花草树木繁荫，青石小路曲折萦回，园中利用街角原糖糕制造作坊的旧有二层歇山顶小楼，保留其原有的体量和建筑形式，改建它的简易桁架屋顶，对目前已不在水平上的屋架结构，以及底层被抽掉柱子后的危房重新设计，使人们在保留历史记忆的同时，为章益故居重新利用而重焕生机，在功能上可以是藏书楼、茶室、会客室。同时利用西园位置上原有能再利用的民居，在延续北大街的建筑形式和界面的同时，对它们重新整合利用，使章益故居成为滁州老城区的较大型传统宅园院落，不仅为参观者提供休憩的空间环境，也使章益故居的整体风貌寓情于景，再现历史情境。

天高云淡，秋阳和煦。笔者再次来到竣工验收后的章益故居，走进原址复建的清流堂、修缮后古朴而气派的主楼嗷雁楼。新建的东园宽敞而幽静，一泓碧水中锦鲤游来游去，使古雅的宅院有了灵气。新建的故居保留了两口古井，清冽的井水是宅院的水源。

后宅院原址复修后的耕砚楼，是章益故居里唯一遗留具有晚清和民国特色的四开间砖木结构建筑。笔者观赏了耕砚楼前原址复建的尺牍堂后，走进古色古香的西园区。西园的主体建筑幽鸣阁，原址曾是一个两层楼阁式歇山建筑，被严重改造过，做过糕点作坊，门窗全毁楼柱被卖，住户们以砖代替。幽鸣阁后是新建的春长馆、经行斋和轻明馆。幽鸣阁前是章家曾经开馆执教的教蒙馆，自成庭院，既独立又与宅院紧密联系。章益自幼便在教蒙馆里学习。

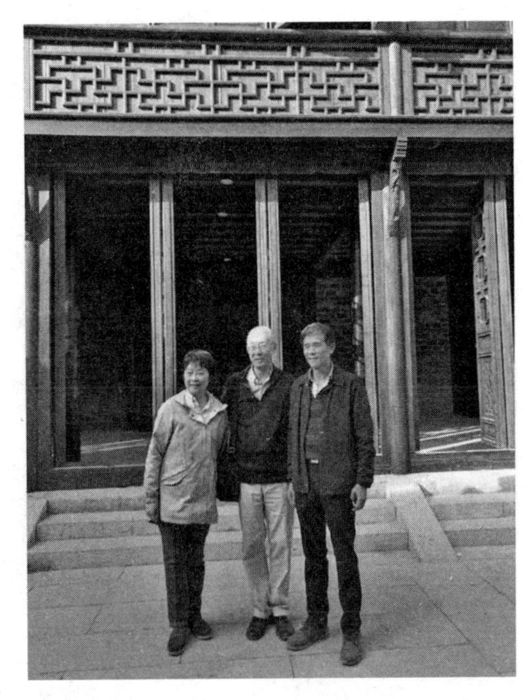

章大纯兄妹三人探视修缮竣工后的老宅　卜平摄

根据有关人士介绍，章益故居修缮施工队计划于10月开始绿化，按照要求进一步深化施工，等待绿化，完成室内布展。

11月10日上午，章益先生71岁的长孙章大纯从美国回国，和妹妹章次细、妹婿陈钱及弟弟章小纬来滁城，探视修缮后的章益故居。章大纯是第一次来到章家老宅。他们给故居布展带来了珍贵的文物资料。

章益故居开放后，将成为滁州地区宅园建筑的典范和滁州古城的新地标，将成为滁州历史文化的一处胜迹。

家族人员关系表

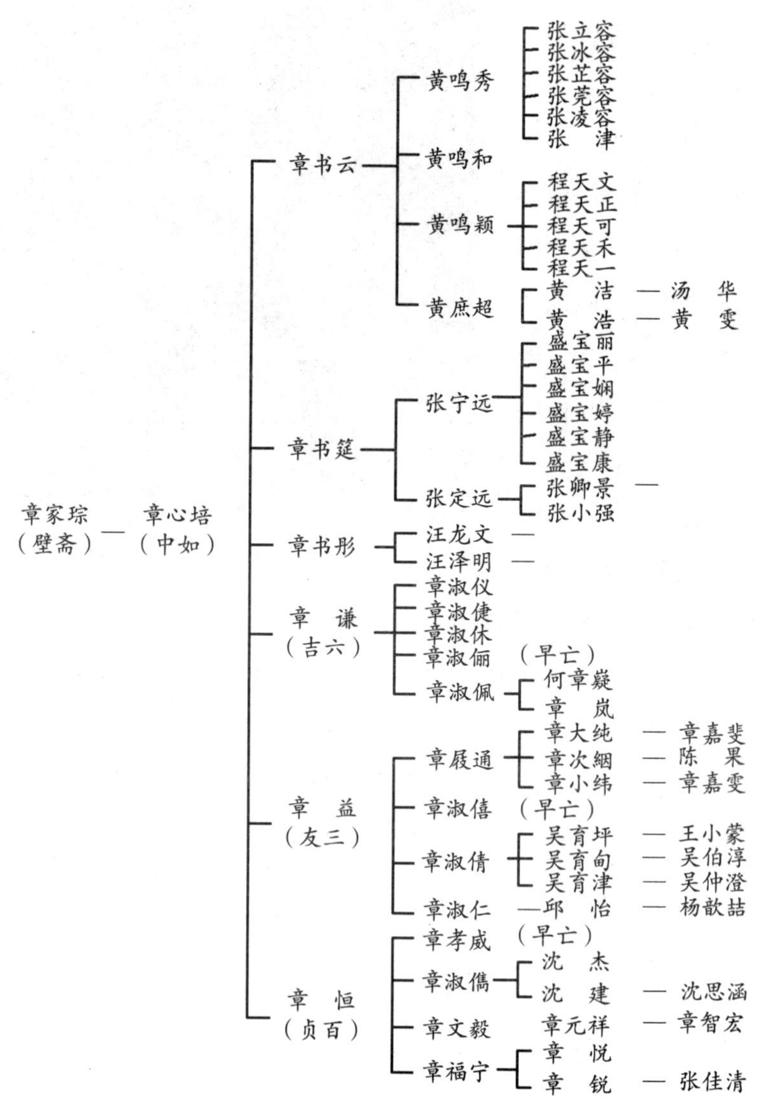

章家琮（璧斋）— 章心培（中如）
章书云
黄鸣秀
张立容
张冰容
张芷容
张莞容
张淩容
张　津
黄鸣和
黄鸣颖
程天文
程天正
程天可
程天禾
程天一
黄庶超
黄　洁 — 汤　华
黄　浩 — 黄　雯
章书筵
张宁远
盛宝丽
盛宝平
盛宝娴
盛宝婷
盛宝静
盛宝康
张定远
张卿景 —
张小强
章书彤
汪龙文 —
汪泽明 —
章　谦（吉六）
章淑仪
章淑倢
章淑休
章淑偭（早亡）
章淑佩
何章嶷
章　岚
章　益（友三）
章扆通
章大纯 — 章嘉斐
章次絪 — 陈　果
章小纬 — 章嘉雯
章淑僖（早亡）
章淑倩
吴育坪 — 王小蒙
吴育甸 — 吴伯淳
吴育津 — 吴仲澄
章淑仁 — 邱　怡 — 杨歆喆
章　恒（贞百）
章孝威（早亡）
章淑儁
沈　杰
沈　建 — 沈思涵
章文毅 — 章元祥 — 章智宏
章福宁
章　悦
章　锐 — 张佳清

附录：论文、著述、译著

心理学与教育心理学

1.《社会心理学》，孙寒冰主编《社会科学大纲》。上海黎明书店，1929 年。

2.《社会心理学在社会科学中的地位》，《安徽教育》，1929 年。

3.《心理测验之应用》，安徽省教育厅主办学术讲演集，1930 年。

4.《读法心理的研究》，安徽省教育厅主办学术讲演集，1930 年。

5. 章益、潘硌基合译 Watson：《行为主义的幼稚教育》，原著 the Psychological Care of the Jnfant and Child，1928 年，上海黎明书局，1930 年版。

6.《两个民族间伦理观念的比较研究》，《劳动大学月刊》1 卷 3 期，1933 年。

7.《横直行排列及新旧标点对阅读效率之影响》，《复旦大学教育学期刊》2 卷，1934 年。

8.《外国语教学上的一个小测验》，上海《光华大学半月刊》3 卷 4 期，1934 年。

9.《学习问题的现阶段》，商务印书馆教育杂志，24 卷 2 期，1934 年。

10.《心理学的出路》，上海大夏大学《心理学季刊》创刊号，1936 年。

11.《巴甫洛夫学说与心理学的改造》，山东科联主办巴甫洛夫讲座第六讲，1954 年。

12.《做好准备，向科学进军》，《教与学》第1期，1956年。

13.《心理学讲话》，山东教育出版社，1982年出版。

14.《巴甫洛夫学说对于心理学现象问题的启示》，未发表，1957年。

15.《高级神经活动学说与心理学及教与学的关系》，未发表，1957年。

16.《初中二年级代数教学中学生的思维过程》，《山东师范学院学报》，1963年1期。

17.《批判地吸取西方心理学的成果和经验》，中国心理学会1978年在保定的学术年会上的书面发言。

18.《略论冯特创建心理学实验室以来心理学的研究方法》,《山东师院学报》哲学社科版1980年第1期。

19.《态度是可以测量的》，译于1980年，未发表。

20.《心理学的回顾与前瞻——读西方心理学史随感》，《山东师院学报》哲学社会科学版，1980年第6期。

21.《赫尔心理学述评》，未发表，1981年。

22.《葛漱里心理学述评》，未发表，1981年。

23.《新行为主义学习论》(辑译),山东教育出版社,1983年版。

24.《西方心理学家文选》复核，人民教育出版社，1983年版。

25.《人心中的宇宙 探究任心智的一门新科学——认知心理学》（译著），人民教育出版社，1985年版。

26.《二十五年来的心理学》，上海劳动大学月刊创刊号，1929年。

27.《心理学的出路》，上海大夏大学心理季刊创刊号，1936年。

28.《习得性的遗传》（英文稿），Inheritanec of Acquired Charactero，1925 年。

29.《什么是人的心理》，《心理学讲话》第一分册，山东人民出版社，1956 年。

30.《巴甫洛夫学说对于心理学底对象问题的启示》（讲稿），1956 年。

32.《在〈西方心理学的新发展〉教材编写大纲讨论开幕式上的发言》，《心理科学通讯》，1984 年第 5 期。

教育学方面

1.《教部颁行高中普通科课程标准之商榷》，1929 年。

2.《教育与国家》，《教育杂志》，第 22 卷第 11 号 1930 年。

3.《大学教育》，《劳动大学论丛》二周年纪念，约 1930 年。

4.《分析教学上的功用》，《上海教育季刊》，1931 年。

5. 《教育与社会》，《复旦大学教育学期刊》，1 卷 1 号，1933 年。

6.《教育与文化》，中山大学《教育研究》第 49 期，约 1933 年。

7. 《教育与法律》，《复旦大学教育学期刊》，1 卷 2 号，1933 年。

8. 《中国中等教育应负之使命》，《复旦大学教育学期刊》，1 卷 2 号，1933 年。

9. 《中国中等教育的使命》演讲稿，《教育研究（上海）》第 3 期 1933 年。

10.《一种初小国语读本的分析与批评—新课程国语读本第一至第八册》，1933 年。

11.《中国教育现状鸟瞰》，《上海国立大学联合会季刊》第1卷，1934 年。

12.《民族复兴与教育上应采之方法》，1934 年。

13.《青年修养》，中华职业教育社学术讲演，第 1 辑，1934 年。

14.《中国的教育思想及其制度》，《文化建设》创刊号，1934 年。

15.《学习问题的现阶段（附图表）》，1934 年。

16.《普通教育与职业教育》，中华书局《中华教育界》，19 卷，1935 年。

17.《高级中学课程标准检讨举隅（附表）》，1935 年。

18.《中国新教育理论建设刍议》，《文化建设》第 1 卷，1935 年。

19.《欧洲大学中之族国主义》，《教育杂志》第 25 卷第 1 号，1935 年。

20.《上海市的教育》，《上海教育界》第 6 期。

21.《我国职业教育的出路》，《教育与职业》，1935 年第2 期。

22.《全国专家对于读经问题的意见：章益先生的意见》，1935 年。

23.《读书的态度问题》，1935 年。

24.《精神训练之理论基础》，《教育杂志》第 26 卷，1936 年。

25.《国难教育的几个基本问题》，《江苏教育（苏州

1932)》，1936 年 。

26.《教育名著选读》，英文加中文摘要，上海黎明书局，1937 年。

27.《思想自由再检讨》，《新闻杂志》第 2 卷第 2 期，1937 年。

28.《青年的感情》，《民意（汉口）》16 期，1938 年。

29.《苏联高等教育》，《活教育》第 5 卷第 7 期 ,1949 年。

30.《关于高等学校教员名额问题》，《文汇报》，1949 年。

31.《推行师范教育运动之要义》，《教与学月刊》，1941 年。

32.《现行学制育研究（广州）》第 103/104 期，1942 年。

33.《合作与教育》，《复旦同学会会刊》第 13 卷 第 3 期，1948 年。

34.《我怎样求学的》，《读书通讯》161 期，1948 年。

35.《比中华民国大七岁的复旦大学》，演讲稿，1948 年。

36.《从高等教育任务论通才与专才》,《光明日报》《大公报》转载，1950 年。

译作、译著

1.《战俘》，《民国日报》《平民》周刊，1921 年。

2.《劳伦斯〈却特莱爵士夫人的恋人〉的研究》,《世界文学》第 1 卷第 2 期，1934 年。

3.《新式考试与旧式考试之实验的研究》，1935 年。

4.《大学生观念的变迁》，1935 年。

5.《世界著名教育杂志摘要：大学生修学能力预测与后来学业成绩及职业成绩之关系》，1935 年。

6.《德国教育新趋势》，1936 年。

7.《在教室情境下准备考试的心态对于追忆与辨认之影响》，1936 年。

8. 莎士比亚《亨利六世》（上、中、下卷），《莎士比亚全集》卷六，人民文学出版社 1978 年版。

9. 司各特《艾凡赫》，与刘尊棋合译，人民文学出版社 1978 年版。

10. 司各特《中洛辛郡的心脏》，人民文学出版社 1981 年版。

11. 诺敦 · 亨特《人心中的宇宙》，人民教育出版社 1989 年版。

12.《翻译浅谈》，《当代文学翻译百家谈》，北京大学出版社 1989 年版。

其 他

1.《文学家底愉快与苦闷》，《民国日报》《平民》周刊，1922 年。

2.《习得性遗传》（英文稿），1925 年。

3.《白鼠与迷宫》（英文稿 The Rat and the mage），1926 年。

4.《我所见到的李校长》，《复旦大学会会刊》第 2 卷第 7 期，1933 年。

5.《各界人士意见特辑 · 章益看法部分》，1934 年。

6.《认识复旦》，《复旦校刊》，1935 年 10 月。

7.《追慕腾飞夫子》，《李登辉先生哀思录》，1948年版。

8.《对大学生在文艺欣赏中的倾向性的一次探测》，1981年12月。

参考资料

1. 复旦大学校史编写组编：《复旦大学志》(1905—1949 年) 第一卷，复旦大学出版社 。

2.《爱的心迹——记山东师范大学教育学章益教授》,《山东画报》，1986 年 5 期。

3.《章益与复旦大学》，《团结报》1987 年 1 月 10 日第 6 版。

4. 梁自洁主编：《山东现代著名社会科学家传》，山东教育出版社 1991 年版。

5. 瞿葆奎、章泽渊：《章益传略》，《山东社会科学（双月刊）》，1993 年 第 3 期。

6. 孟庆远：《忆章益校长》，《复旦校史通讯》，2004 年第 25 期。

7. 龚向群:《两校长剪影——章益的尴尬岁月》,《走近复旦》,四川人民出版社 2000 年版。

8. 王正：《第三次国内革命战争时期复旦大学党的活动》，复旦大学出版社 2000 年版。

9. 卜平、曹家富:《社会科学家章益生平及故居》,《皖东文史》第五辑，2005 年 10 月。

10. 卜平：《章氏琅琊留乡情》，《琅琊人文》，2011 年 10 月。

11. 杜作润:《作为教育学者的章益》,《复旦教育论坛》, 2004

年 6 月。

12. 薛明扬、杨家润主编：《复旦杂忆》，复旦大学出版社 2005 年版。

13. 王浩远：《滁州琅琊山碑石志》，黄山书社 2011 年版。

14. 刘晨、王 琼：《吴棠、章益故居年底将焕新颜》，《滁州日报》，2016 年 7 月。

15. 丁士华、杨家润、陈启明、柳浪编辑《烽火中的复旦》，重庆出版社 2017 年版。

16. 张全信:《忆章益教授》,山东师范大学心理学院官网,2017 年 5 月。

17. 卜平、张瑜：《章益与山东师大》，《滁州日报·西涧周刊》，2017 年 8 月。

18. 读史老张：《相辉堂重生，与不该被淡忘的这位复旦校长》，《朝花时文》2018 年 5 月 24 日。

19. 俞驰韬：《章益著述整理》，复旦大学校史馆，2018 年 2 月。

20. 俞驰韬：《章益年谱简编》，复旦大学校史馆，2018 年 2 月。

21. 安徽省博物馆：《章益故居陈列》，2018 年 3 月。

后　记

安徽省滁州历史悠久、人文荟萃，古今众多文人墨客在此留下了足迹和诗文。韦应物的《滁州西涧》家喻户晓；欧阳修出任滁州太守时，写下脍炙人口的散文名篇《醉翁亭记》及《丰乐亭记》；苏轼的楷书碑帖“双亭记”遒劲洒脱、神韵飘逸，醉翁亭因“欧文苏字”而名扬天下；南宋豪放派词人辛弃疾任滁州知州时，写下《滁州奠枕楼记》等诗词；王阳明在滁州任“南京太仆寺”少卿期间，在丰乐亭旁筑室讲学，在滁州留下了大量诗文。

章益先生虽出自滁州本土，但因为历史原因，有关他的文字资料有限，很多滁州人对他了解甚少，直到参观位于滁城东后街45号的章益故居，才了解章益先生是中国著名教育学家、心理学家和翻译家，曾任复旦大学校长，以及民革中央顾问等多种职务，是中国现当代文化名人。上海师范大学国际比较教育研究院教授高耀明称其为“是复旦从一所民国时期一般大学跃升为现代著名大学过程中最关键人物，没有之一。”……

近年来，滁州市争创国家历史文化名城，深入挖掘地方优秀传统文化的时代价值，推动传承和发展，提升全市精神文明建设水平。滁州市文联策划了《滁州文化丛书》，委托我撰写《国立复旦校长章益》一书。我先后去上海、南京、重庆等地图书馆查阅有关资料，冒着暑热去重庆市北碚区东阳镇夏坝嘉陵江边，考察国立复旦大学旧址。

在写作此书的过程中，我阅读了复旦校史编写组编写的《复旦大学志》第一卷，陈思和、龚向群主编的《走近复旦》，丁士华、杨家润等编辑的《烽火中的复旦》，王正执笔的《第三次国内革命战争时期复旦大学党的活动》。我还阅读了薛明扬、杨家润主编的纪念复旦百年校庆的书《复旦杂忆》，其中有两篇纪念章益先生的文章，一篇是复旦校友孟庆远的《忆章益校长》》，另一篇是章益长孙章大纯的《章益与复旦的缘源》。书中复旦校友的回忆文章中，也有一些有关章益的零碎细节。上述这些资料使我对章益先生有了较为翔实的了解，对复旦大学的创校过程和发展史有了清晰的了解。我为章益先生波澜起伏的人生际遇而感慨，为章益先生崇高的家国情怀、高尚的品格、严谨的治学态度和卓著的学术成就而肃然起敬。我经过两年多的认真写作和修改，完成了 15 万字的书稿。

在此，感谢滁州市文联副主席、市作协主席贾鸿彬的帮助和支持。

感谢滁州市政协办公室原调研员卜平女士的帮助和支持。卜平主任在市政协从事文史工作多年，致力于保护滁州名人故居工作，并为章益先生的宣传和故居保护做了许多实事。她介绍我加入章益研究会（筹）微信群，使我得到章益先生的长孙章大纯等后人的帮助，章大纯两次从美国打电话给我，介绍了他祖父和祖母的生活情况及一些鲜为人知的情节和细节。

感谢复旦大学校史研究室主任钱益民博士提供的参考书籍。

感谢安徽省博物馆提供的《章益故居陈列》，以及钱益民博士和复旦研究生俞驰韬提供的《章益年谱简编》，为本书的结构安排提供了参考。特别感谢俞驰韬提供的《章益著述整理》，为本书介绍章益的学术思想提供了依据。

感谢黄山书社地方文化编辑室向焱主任改稿，她认真负责的态度令我感动，她的专业水平令我敬佩，在此向她表示诚挚的谢意。

感谢画家刘曼殊（曾获得“第十届全国美术作品展优秀作品奖”“首届安徽美术作品大展金奖”）在百忙之中为本书所作的章益先生肖像，为本书增色。

感谢民革滁州市委领导的鼓励和支持，感谢民革滁州市委办公室张洋女士校稿。

如果没有上述这些帮助和支持，如果没有这些有关章益先生的资料，这本书稿的写作是不可能完成的。最后需要说明的是：本书所引关于章益先生的回忆文章、书后注释和所附图片，主要来源于复旦大学档案馆、安徽省博物馆、滁州市政协文史资料室、章益故居及章氏后人，版权归原作者和原摄影者所有，在此一并表示感谢！

章益先生博学多才，论文著作和译著众多，他的教育学和心理学思想精深，一生经历的历史事件很多，跨越时间长，因笔者学术水平有限，尽管写作态度端正，但本书中肯定存在不少错误或不当之处，恳请专家、学者和读者诸君不吝赐教！